后浪出版公司

0:0

麦肯锡

零秒
执行力

[日] 赤羽雄二／著

侯昭康／译

广东旅游出版社
GUANGDONG TRAVEL & TOURISM PRESS

前　言

本书是《零秒思考》系列的第三部。在第一部《零秒思考》中，我提到每个人每天只需写大概 10 张 A4 纸的笔记，就能消除头脑中的迷茫，展现原本的智慧，并且对此进行了详细的讲解。这个方法不仅能整理脑中的想法，也能提升领导能力和沟通能力，因此获得广大读者认可。该书销量也超过 10 万册，跻身畅销书行列。

因此，我又执笔了第二部《零秒工作》。在书中，我详细说明每个人都能让工作速度得到飞跃式提升，以及从根本上提升信息处理能力的方法。该书也获得了众多读者的好评，在日本销量超过了 9 万册。

我希望读过这两本书的朋友能够建立起迅速思考、迅速行动的基础，但在与大家交流的过程中，我发现大家还需要进一步提升技能。即使有想要让思维变得更清晰、更快速的意识，但在快速判断，并执行，也就是"当机立断、立即执行"方面，似乎还有极大的阻碍。

实际上，在我们周围，即便是工作效率高的人，也很难做到当机立断、立即执行。虽然头脑清晰，并能够快速完成工作已经实属不可多得的人才，但从真正意义上来说，实际表现则难以有所提升。

我认为只要努力，每个人都能最大限度地做到"当机立断、立即执行"，并且这其中也有一些比较简单且有效的诀窍。

我尽可能地践行"当机立断、立即执行"，别人也是这样评价我的。但我也不是一开始就拥有这种技能和速度，而是在工作中渐渐培养出来的。在麦肯锡公司工作的14年间，我曾参与经营改革。随后，我为几十家创业公司和大企业提供了经营支援。在此过程中，我积累了大量的方法和技术。

实际上，基于这些考虑，我在出版社也举办过多场研讨会，有许多人前来参加，满意而归。

因此，我认为如果不公开这些方法的话就太可惜了。

出于上述的理由，我撰写了这本书。本书的着眼点在于：在厘清思路，提升工作速度后，如何做到当机立断、立即执行。希望大家读完这本书，能够亲身体验当机立断、立即执行对工作和人生带来的积极作用。

另外，由于本书是该系列的第三部，因此将不再详细讲解

第一部的主题——笔记法。但是，灵活的头脑是"当机立断、立即执行"的重要前提，本书也会继续利用记笔记的形式。因此也希望尚未读过《零秒思考》的朋友也读一下该系列的其他几部。

目　录

第 1 章

为何当机立断、立即执行如此困难?

不能当机立断、立即执行，只是在逃避

犹豫、迷茫、踌躇、逡巡毫无价值

希望大家一定要将"当机立断、立即执行"作为目标。"当机立断、立即执行"指的是不拖泥带水，当场做出决定，并立即付诸行动。

但是有许多人无法做到这一点。原因大致有两个：一是完全不知所措，二是知道该做什么却不想面对。

第一种情况，是指在完全不知所措时，因为不知道什么是重要的，也不知道该关注什么，如何决定，所以无法确定方向，毫无头绪。但其实可以请教他人，了解到底应该关注什么，在讨论中不断否定并改变自己的想法，这样往往能收集到一些重要信息。自己以为"完全不知该做什么"，但基本都能请教他人或找到可以请教的人。大多数人会害怕知道应该做什么，于是总是无法下定决心去努力了解该做什么。

第二种情况，即知道该做什么却不想面对，则可以说是"欲盖弥彰"。

的确，不采取行动能够获得暂时的轻松。如果这样能解决或远离问题固然再好不过，但是这种情况是绝不会发生的，反而日后会成为大问题。当时如果不采取行动的话，会导致事态恶化。直面情况，认真考虑，厘清思路，了解该做什么，并且迅速处理，这样要比紧闭双眼、无动于衷好得多。因优柔寡断而错失良机，最后只能追悔莫及。

前者是没能当机立断，后者则是没能立即执行。如果是在真刀真枪的战场上，这两类人无论有几条命也不够用。

工作中允许自己松懈，即便无法做到当机立断也不会立即致命。但渐渐地，或者在某一个时间点上，会突然失去竞争力，造成无法挽回的损失。实际上，职场与战场也没有太大分别。

工作以外的个人生活中可以更加放松，即便做了或没做什么，在当时也能得到谅解。但这样的事情是积到一定的量，对方才会向你发出最后通牒："我已经不能和你共事了。"这时你才会开始反思，宽容的范围并没有想象中的大。

有些是自己的事情，与他人无关。比如在哪里工作，何时跳槽，获取什么资格证，等等。如果不能做到"当机立断、立即执行"的话，就会错失很多机会，甚至会吃大亏。

深思熟虑和拖延症完全是两回事。通过当机立断、立即执行,我们可以进一步深思熟虑,继续保持一定的速度推进工作。大企业或官僚风气十足的组织常用"延期审议"一词来搪塞,但我认为多数情况下,那不过是逃避而已。

当机立断、立即执行的好处会超过大多数人的想象。犹豫、迷茫、踌躇、逡巡毫无价值,只不过是在浪费时间。

真正优秀的领导者总是当机立断、立即行动

实际上,我所遇到的真正优秀的领导者们都擅长立即做决定、立即行动,完全不会犹豫不决。他们总是拥有明确的愿景,并能够俯瞰全局。他们会考虑到所有的替代方案,即使情况有变,也能够当机立断,立即采取行动。他们已经十分熟悉从何处获取怎样的信息,如何整理信息,降低风险,等等。

例如,在突然接到业务合作请求时,优秀的企业经营者会让部下或外部的工作人员以最快的速度收集并核实候选合作公司的信息,明确判断是否应该进行业务合作。如决定合作,在怎样的条件下双方才能达成合作。像一些日本大型企业那样因循守旧,用几个月时间讨论的话,好机会就会被其他企业夺走。有时间深思熟虑自然深入讨论,但在现实中,领导者在多数情况下只能当机立断。

当机立断并立即行动的公司及其经营者们，在多数情况下，由于抢占了先机，往往能够较早地开始良性循环。早一步行动，也就能早一步获取信息，因此能够做出更好的判断，获得更强有力的合伙人。拥有好的条件，自然能够推动并加速事业进一步展开。

当机立断、立即行动不是狂飙突进

但是，当机立断、立即行动并不是狂飙突进。狂飙突进是指不顾周遭一切，朝着一个方向猛冲，只关注前方，不懂得留意陷阱、纵观全局，缺乏灵活性。

我们不应如此，而是要全面把握目前所处的环境、整体情况与选择余地，并权衡各个选项的利弊，在此基础上做出最佳选择。

当然，在决定前进的方向后，不要有片刻犹豫，而要全神贯注，为跨越眼前的障碍而全力以赴。此时狂飙突进式的力量才能发挥作用，但在拼尽全力的同时也要时刻关注周围的情况。

我们可能经常认为有人凭借狂飙突进式的行动获得了成功，但我们只不过是碰巧看到了他飞黄腾达的时期，这也是很有可能的。当机立断并立即行动绝非盲目行动。希望大家能够牢记这一点。

应该当机立断、立即行动的 6 个理由

可能有人能举出当机立断、立即行动的几个具体作用，但我想各位读者可能还没有彻底了解其价值。对我而言，应该当机立断并立即行动的理由有至少 6 点。

当机立断、立即行动能够抢占先机

当机立断、立即行动能够比竞争对手抢先展开行动。动作迅捷，能够抢先占据有利地位，从而先发制人。在犹豫的过程中，很难获得的好条件往往会被夺走。

同时，当机立断、立即行动也能够优先获得合作伙伴，更容易结识优秀的朋友。即便有很多公司请求合作，先来进行洽谈的公司也总能收获好印象，这是人之常情。

当机立断、立即行动能够加速 PDCA 循环

当机立断、立即行动当然能够加速 PDCA 循环，因此能够更早了解进展顺利和不顺利的环节，也便于改进。在立即采取一次行动后，就能熟练掌握策划、实施、确认、改进的方法，促进良性循环，PDCA 循环也就更加轻松，提升了获得成功的概率。

当机立断、立即行动能够提高生产效率

　　一般说来，即使想提高生产效率也难以立即看到成效。每个人都以为自己在拼命工作，因此不知道在哪些环节上如何提高生产效率。如何用半小时做完需要一个小时竭尽全力才能完成的工作，几乎所有人都对此束手无策。

　　但是，如果在工作的某一环节中能做到当机立断、立即行动，那么以此为契机，所有环节的速度都将得到提高。工作节奏明显提升，减少了工作中的无用功，因此整体工作变得井井有条。如此一来，工作不再是痛苦和压力，倒不如说成了一件愉快的事。由于工作舒心，便能够积累许多工作方法，获得更好的结果，生产效率不断提高，从而运用到所有环节当中。

做到当机立断、立即行动，能够得到周围人的信任

　　只有极少数的人能做到当机立断、立即行动。即便是领导、上司、干部、总经理，十个人当中也不一定有一个人敢说自己能够当机立断、立即行动。迄今为止，我已接触过上千名身处"上司"这一立场的人，但几乎没有人在当机立断、立即行动的方面给我留下过深刻印象。

　　我倒是经常听到一些下属抱怨上司优柔寡断，好谋无决，于是自己也被迫拖延工作，耗费心力。下属感觉徒劳无功、停

滞不前的根源在于上司。

即便总经理十分罕见地当场做出决定，也往往不能调动中层干部的积极性。这并不是上级指示的内容微妙含糊，而是即使下属理解了上级的指示，再让下属的下属理解也需要时间，因此整体花费的时间要远远超过领导的期待。

现在有些日本的企业明明知道自己已经落后了，但不知为何，总是不能立即让组织运转起来，或者根本不想做出改变。

因此，在这种情况下，能够当机立断、立即行动的人会得到下属和上司的敬佩和信任。即使其他能力不是特别出色，能当机立断、立即行动的领导也肯定会赢得周围人的信赖。

领导做到当机立断、立即行动之后，会带动下属提高行动速度

这个优点与之前的一点有关。如果领导能当机立断、立即行动，也就不会限制下属的行动，于是下属的工作也会提速。无用功、返工、拖延时间的情况就会减少，也更容易取得成果。

因此，下属自然而然地能完成工作，并向上司学习如何做到当机立断、立即行动。这样，整个团队的生产效率和战斗力都会得到极大提升。

一般说来，下属总是看上司的脸色行事。遗憾的是，无论上司如何努力，下属仍旧我行我素。但是如果上司能够当机立断、立即行动，下属也不得不全神贯注地来提升工作速度，再

也无暇顾及和揣测上司的心理，因此这样会带动下属加快行动速度。

做到当机立断、立即行动之后，整个组织会焕发活力

做到当机立断、立即行动的领导会获得大家的信赖，并引导下属提升工作速度，于是整个组织会充满干劲，并具备提升工作速度的意识。成员之间的交流也会更加顺畅，个人和整个组织都能迅速且灵活地应对问题，立即获得成果。处于这种状态会让人感觉无比舒适，因此只要没有重大阻碍，整个组织会一直发挥机能。这样一来，没有人能够阻碍组织的运转，或者说不能快速行动的成员将会被淘汰。

意识到自己在阻碍组织运转之后，人们都会开始采取行动。相反，如果大家都不行动，自己也不会行动。这是人之常情。

阻碍当机立断、立即行动的心理障碍及解决方法

前文已经明确提到，当机立断、立即行动有至少 6 点好处，但为何许多人还是做不到呢？

这是因为一些心理障碍。我在本章开头已经提到，无法当机立断、立即行动的原因，一是完全不知所措，二是知道该做什么却不想面对。无论是哪一种情况，阻碍当机立断、立即行动的罪魁祸首，简单来说就是"焦虑"和"恐惧"。

没有收集全部信息就会感到不安、恐惧

为何许多人不想立即做出决断和行动？最大原因就是他们没有收集全部信息就会感到不安和恐惧。原本早就应该做出结论，但还是在不停地收集信息。总是想要收集更多的信息，而无法停止。当然就会一再拖延导致迟迟不能做出决断，采取行动。

如果信息收集得越多越有利于提高结论准确性的话，则还具有一定意义，但几乎不存在这种情况。大多数情况是已经收集了足够的信息，或者已经不存在有用的信息，也无法继续提升结论的准确性。人们不停地收集信息，不是为了得出更准确的结论，而是因为不想做出结论，或者是想让自己相信自己在不停地工作。

不仅是自己，周围的人也会容许这种情况发生，因此人们总是在不停地收集信息，这也成为一大问题。实际上，收集信息不仅会浪费时间和经费，还会给整个团队、组织带来困扰。由于行动迟缓，还会错失良机。可以说收集信息不仅无益，反而有害。

　　缩短收集信息的时间能简单且有效地解决这个问题。虽然因情况而异，但用几小时、几天收集信息就已足够，最长不要超过1~2周。我们要注意的是管理收集信息的时间，而不是信息量。

　　如果新的信息会严重动摇判断基准的话，那说明掌握的信息尚不充分，缺乏研究讨论。但即便是在收集信息的时间段内，如果新的信息不会动摇判断，特别是不会增加新的判断基准时，就说明可以通过现有的信息进行判断了。

　　实际上，在这种情况中，本人心中应该已经有答案了，但就是害怕做决断，或者仅仅是想拖延，于是理直气壮，不停地说"信息还不充足"。大多数人不都是如此吗？

　　我这样说是有证据的。比如我经常看准时机，催促对方："现在必须做出判断了吧？""事已至此，可以做出判断了吧？"而对方也基本上对此表示认同。但是如果没人催促就会一直拖延。

　　在商务场合，每分每秒都弥足珍贵，如此浪费就显得十分可惜。每个公司都在竭尽全力降低成本，但似乎没有重视如何节约时间成本。

　　并且，我们还要注意的一点是，在收集信息时，除要关注网络、报纸、杂志、书籍等媒体外，还必须向有真知灼见且直率的人请教。这是因为，独自在不熟悉的领域中收集信息的话，很有可能会出现很大的方向性的错误。

大脑中充斥着信息

许多人表示，自己之所以无法当机立断、立即行动，是因为感觉大脑中的想法杂乱无章。思路不清晰，在意所有事物，或者过于在意一部分评价，从而无法深入思考。即使列出必须完成的事项，也无法获得良好的认可。

到了必须要做出决定、采取行动的阶段，就算选择了某种方案并且已经实施，也会过度在意周围的反应，过去的失败经历像走马灯一样接连浮现在脑海中。既想做这个，又要做那个，可是分身乏术，最终甚至无法处理好一件事。在立即展开行动之前，无法做出适当的判断，于是不断陷入恶性循环，因此思路会越发杂乱无章，最终导致无法当机立断、立即行动。

为何会发生这样的情况？并不是头脑愚笨，而是因焦虑丧失自信，以为自己不擅长分情况、按照顺序逐个解决问题。

想要解决这个问题，首先推荐大家采用我在《零秒思考》中介绍的 A4 纸记笔记的方法。感觉思路杂乱无章时，可以通过笔记法来厘清思路。如果每天坚持采用《零秒思考》介绍的做法的话，思路就会逐渐变得清晰。

另外，当思考的对象在一定程度上集中在特定的工作或目标时，可以挑战一下用我们将会在后文介绍到的"选项"和"工作框架"来解决问题，你会立即感受到这些方法的作用。

➡《零秒思考》中关于笔记法的案例

如何缩短会议时间？　　　　　　　　　　2016-1-31
- 认真制定会议议程，事先通知并设定目标
- 即便会议的必要资料很少也要事先派发，从而缩短说明
  时间
- 不断提醒每一位发言人发言时要归纳要点
- 为避免重复发言，可以在白板上整理讨论内容

将A4纸横置，左上方写题目，右上方写日期，正文分为4~6条，每条大概以20~30字为宜。要坚持用这种格式书写，并且要遵守规则，即：一分钟写一页，从早起到睡前要写10页，天天如此。这样一来，焦虑与迷茫会逐渐消失，大脑会变得更加灵活。

一旦计划有变动就会焦虑，想事先确定所有事情

一旦计划发生改变，很多人就会感到焦虑和不安。计划的内容和变化当然会因情况而异，但改变计划这件事本身会让这类人产生焦虑，与改变的内容无关。神经质、胆小的人容易出现这样的情况。

然而，现实中的问题是在不断变化的，采取的措施也在根据不同时机而发生变化。按照计划好的方向采取行动，或者不发生改变的情况是几乎不可能发生的。因此，一旦计划发生改

变就出现焦虑症状的话，会无法顺利解决问题，也无法及时应对情况的变化。

此外，在制订计划前，也有许多人必须要确定所有事项，否则就会莫名地担心。在处理事情之前，如果要把所有事情都确定下来的话，要花费大量时间。明明无法预知未来的事情，却总想制订一个万无一失的计划，并确定好所有事。当然，他们在调查了数量巨大的信息后，虽然牢骚满腹，但还是会制订详细的计划。也可能是列出了太多的选项。

许多事情不实际做的话是很难正确把握的，但这些人似乎不这样认为。他们压根不会觉得事先确定所有事情有可能是徒劳，也不认为行动起来之后再进行思考可能会更有效率。

这些人一旦着手工作时，就会对环境的变化和复杂的情况无所适从，产生一种难以名状的焦虑，也难以保持平常心。

毋庸置疑，《零秒思考》中提到的 A4 纸做笔记对于解决这种问题也很有效。通过做笔记，我们可以完善自己，察觉到自己的焦虑，从而做到当机立断、立即行动。

"为何一旦改变计划就会感到不安？"

"为何不事先确定所有事情就会感到焦虑？"

希望大家以这些内容为主题，不断深入挖掘，并且坚持做笔记。

求助他人会感到麻烦、不安

为了能够迅速且顺利地推进工作，就必须要学会巧妙地求助他人。然而有很多人害怕求助他人。他们个人的工作能力并不差，但经常只能独自工作，就算有朋友帮忙也不会持久。自己工作时能够做到当机立断、立即行动，但当不得不求助他人时，工作就会突然停滞。因此，他们无法胜任规模较大的工作。

我也曾和这种类型的人有过交流。他们表示求助他人会很麻烦，而且求助他人后自己的工作量反而增加了，别人也可能会辜负自己的期待，这些都是产生焦虑的原因。

的确，即便求助别人也无法保证每次工作都能顺利推行，但如果总是有不想麻烦别人的心理的话，其他人也不会再帮助你。于是，自己就会认为"反正没人能帮助我，没人会来帮助我"，从而在自己的负面情绪里越陷越深。

希望有这种想法的朋友也一定要采用《零秒思考》中的笔记法，深入思考为何无法依赖他人。发现问题的根源后，也就离"当机立断、立即行动"的目标不远了。

不列出所有选项就会焦虑、恐惧

有时没有列出所有选项就会陷入深深的焦虑之中。造成这种现象的原因与之前提到的造成"不收集全部信息就会感到不安、恐惧"的原因并不同。

　　例如，在讨论活动举办日期时，"下月初""下月中旬""下月末"这三个选项在实际情况中已然足够，但人们还不断地考虑并讨论"本月末""本月中旬"等选项。

　　这样做看起来像是慎重思考，但实际上只是在拖延。如果选项之间差别不大，与其细致研究，不如立即行动，观察结果。但这种人会否定这种做法，认为这是有勇无谋、不谨慎的表现。

　　他们经常会说："不列出全部选项会极其危险，无法做到最好"，过于在意不重要的事项，并对此展开无休止的讨论。就这样，时间被白白浪费，从而错失商机。竞争对手已建立了坚固的堡垒，而不知为何，自己却对此毫无察觉。

　　要解决这个问题，就要不断练习后文将提到的"选项"。在掌握该方法之后，就能立即列举出数量合适且质量较高的选项。

在实际行动前就担心失败

　　也有人十分在意是否会失败，因此无法当机立断、立即行动。

　　当然，并非每次行动都能获得成功，失败在所难免，如果遇到难题更是如此。即便不断努力想要做到尽善尽美，但一定会遭遇一两次的失败。倒不如说从失败中汲取的教训，就是打开成功之门的关键。

另外，只要在工作中勇于接受挑战，即便结果并不理想，也会得到上司极高的评价。甚至有很多公司的管理层人士认为，正因为这种勇于挑战的员工少之又少，所以才希望员工能够积极挑战难题。

即使如此，可能还是会有人害怕遭遇失败，但为什么不能冷静地思考一下：如果不采取任何行动，就这样置之不理会怎样呢？今后在面对问题时，希望大家利用后文将会介绍的"选项"来比较"处理"和"不处理"这两个选项。

在这个过程中，我们也许会发现有一些问题确实是可以暂时搁置的。但是当我们感觉不能再拖延时，就应该当机立断，立即采取行动。

在实际行动之前就开始烦恼，于是便停止付诸行动的做法非常可惜。

对当机立断、立即行动有抵触感和过敏反应

这与之前列举的导致焦虑、恐惧的原因不同，有很多人从一开始就感觉当机立断、立即行动这种思考方式或工作方式是根本不可行的。

即便你本人并非如此，但在一些故步自封的大企业中，一种新的行动方式会给周围的人带来不安。不要说当机立断、立即行动，就算是尝试提升工作速度也会引发摩擦。周围人会通

过各种借口来扼杀新的工作方式，如"这种方式会给别人添麻烦""不允许不进行调整就提前推进一部分工作""这和之前的做法不同，所以无法实行"，等等。即便你想采取新的工作方式，别人也会滔滔不绝地告诉你所谓的"速度提升后会带来的风险"，并用"失败了谁来负责"这样的话作为威胁，不断对你施加压力。

实际上，最大限度地提升工作速度可以更快取得成果，加速 PDCA 循环运转，从而降低风险。

一旦你对当机立断、立即行动有抵触情绪的话，希望你在阅读本书的同时，最好也阅读一下《零秒工作》这本书。这样对于速度的认识和想法会有极大变化。

知道应该做的事，但无法采取行动

有时我们即便了解应该做什么事，但就是迟迟无法付诸行动。信息十分充足，选项基本明确，并没有任何障碍，明确知道选择哪条道路，该做什么事。甚至有时，我们明白该做的事只有目前这项工作，也还是无法下定决心立刻展开工作。

也可以说这属于"身体跟不上头脑"，或者"能当机立断，但无法立即行动"。

每个人都会有这样的心理障碍，这绝对不是抑郁症这类的严重问题。想必大家也都遇到过这些问题，我将这种状态形容成"拖泥带水"。

　　实际上，最棘手的一点在于大家都或多或少知道造成这些问题的原因，但并不知道应该如何解决。

　　针对这种情况，使用《零秒思考》中的"A4 纸做笔记"寻找其中的原因是有效的方法。但如果涉及不同的问题和工作，就会找到多种原因，因此没有具有普遍性的解决方案。因此在下面的章节中，我将会详细讲述如何解决上述问题，并提出解决该问题的一个启示和两种工具。

第 2 章

当机立断、立即行动的坚强后盾

没有全局观会寸步难行

何为"全局观"

在上一章中，我列举并整理了所有能够想到的会阻止当机立断、立即行动的心理障碍。有一些可以使用《零秒思考》中提到的笔记法来解决，但有一些问题解决起来十分困难，比如"即使头脑理解，却无法付诸行动"。

本章将会介绍一个启示，它能解决几乎所有的心理障碍，使大家接近当机立断、立即行动的目标。

从结论上讲，**我认为无法当机立断、立即行动的根本原因就是没有对事物建立一个正确的"全局观"**。反过来说，只要拥有"全局观"，在必要时就可以做到当机立断、立即行动。

也许有很多人无法立刻理解"全局观"的含义。

例如，晚上道路漆黑，几乎看不到前方，此时快速骑自行车是极其危险的。但是，打开车灯的话，在一定程度上就可以放心骑车了。另外，如果街灯亮着，在直路上能看见前方几十米的情况，即使骑车速度很快也很安全，不会感到害怕。

知道在行进的路上没有大的路面塌陷，没有散落的空罐子，不会有车从侧面突然驶来，就可以说拥有了全局观。

如果能完全掌握整体的情况就可以放心前进；如果不能，就会惴惴不安，寸步难行。问题不在于本人性格如何，承担何种职务，是否持有全局观才是决定能否行动的关键因素。

换一种解释，拥有正确的全局观是指能够知道自己从事的工作和课题的所有方法和过程，了解关键点在何处。同时也能清楚地认识到可能会出现怎样的问题，事态的严重程度等。另外，也能准确把握这些方法和过程被分成了怎样的选项，并有怎样的变化。拥有正确的全局观可以从空间和时间上把握整体，而不是部分、片面地看待事物。

大家也许会想：我能做到吗？其实我们每天都会有这样的经历。

例如，去服装店买衣服时，会与有经验的店员进行交谈。在大多数情况下，店员在当时就会当机立断、立即行动，根据你的问题和要求提供相应的服务。而有经验的店员会在适当的时机添上只言片语，让你产生一种想买下手中这件衣服的想法。

有经验的店员对你即将提出的问题和要求会有一个预想，也基本知道应该如何回答，如何行动，以及在什么方面可能会出现问题。这就是对接待顾客、销售等工作拥有全局观。

为何多数店员都能做到这些呢？这是因为服装店或餐饮店这类在店内接待顾客的行业中，商品就在眼前，并且能够在较短的时间内当场完成与顾客的交流，所以这种工作易于培养全局观（当然在服装业或餐饮业的幕后，也有一些复杂的工作难以建立全局观。即使在接待顾客过程中，新店员由于没有全局观，也容易出现问题）。

在你的工作中，针对一些事务性或演讲等一部分工作也应该建立起全局观，做到当机立断、立即行动。

本书将会说明如何扩大全局观的范围。

另外，我们认为"即使头脑理解，身体也无动于衷"其实是没有真正理解"不做该做的事会产生怎样的后果"的表现，也低估了不采取行动带来的风险。这和以为路上很安全，于是骑车时粗心大意，没有看到有车辆从侧面驶来一样。

面对顾客的要求，没有店员会"头脑理解，身体却无法做出行动"。如果拥有正确的全局观，知道必须做什么，上述现象也应该会随之消失。

领导者必须具备全局观

拥有全局观，不仅可以做到当机立断、立即行动，对于企业的领导者而言，这也是一项必不可少的能力。

拥有全局观就不会遇事畏首畏尾，而是拥有一定自信，立即做出判断。除关注表面的业务流程之外，还能够把握包括人际关系在内的整体情况，因此不会拘泥于局部最优解，而是能够选择最佳方案，也很少遭遇失败。当然，也会缩短验证时间，从而大幅提升速度，取得成果。

如此一来，不仅不会产生多余的压力，还能够减少精神疲劳，从而可以将大部分能量投入真正重要的事情上。知道可以在何处放松，因此后劲源源不断，之后即使出现问题也能准确做出应对。

这种全局观以及从中产生的精神层面的从容对于领导者而言是十分重要的条件，但究竟有多少领导者具备这个要素呢？

培养拥有宽广全局观的领导者，可以说是一个企业的重中之重。如果领导者不具备全局观，就无法当机立断、立即行动，继而逐渐落后于其他企业。如果一个组织中没有拥有全局观的领袖，也就无法获得成果。如今世界的环境更加纷繁复杂，经济发展越发艰难，如果不能应对未来的环境变化，甚至生存都会变得更加困难。

人们会依靠领导者，而领导者就是在这样的过程中成长起来的，因此公司必须尽早发现具备或看似具备全局观的人，并使其积累经验。当然，员工也要努力培养自身的全局观。

有些公司会让员工在多个部门工作，以此积累经验，可以认为这种做法对于获得全局观是有意义的。

拥有全局观的人具备的素质

即使如此，似乎有人天生就善于获得全局观，而有人则不太擅长。

能够建立全局观的人，简而言之，就是对自己有自信的人。有些人通过不断钻研和努力，逐渐建立起全局观，从而拥有自信。而有些人的自信是与生俱来的。但毫无根据的自信绝非坏事。只要避免夜郎自大，这种自信可以让人在任何时候都能发挥实力，不会畏惧任何人，它也将成为全局观的基础。这样的人也具备包容力，也能够吸引众多愿意为之效力的人。另外，我认为"建立假说的能力""收集信息的能力""观察力""洞察力"等能力都是与全局观相关的、更为具体的能力。即使能力的程度会有差距，但拥有全局观的人会具备这些能力。自己目前处于何种环境，状况如何？整体形势如何？建立假说的同时收集信息，不带任何偏见地观察，深入解析不易觉察的部分，俯瞰全局。

本书将会介绍如何建立全局观，从而做到当机立断、立即行动。因此在读完本书后，大家的相应能力必然会有所提升。

➜ **当机立断、立即行动和全局观**

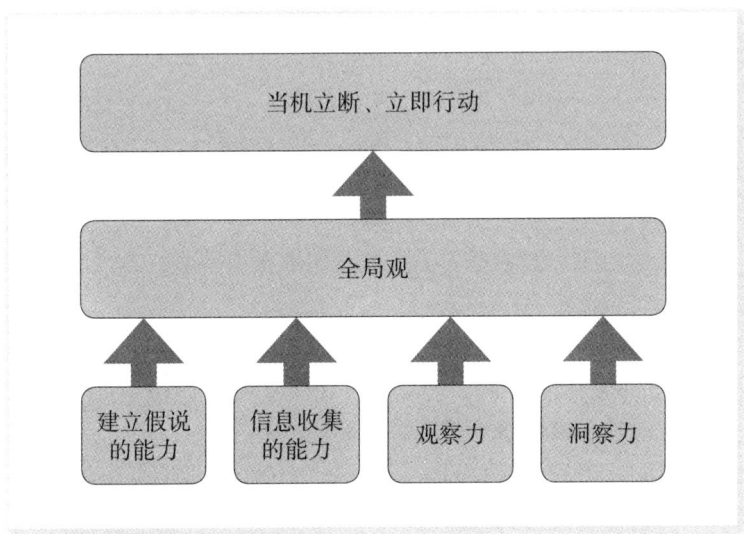

通过两种训练来获得全局观

我们已经知道，为了能够当机立断、立即行动，全局观必不可少，也已经了解全局观的功能。那么，如何才能获得全局观呢？

在骑自行车时，只要睁开双眼就可以看清前方。只要充分注意，就能够躲避突然出现的行人。即使路面上有大型塌陷事件，一般也能在塌陷的前方数米处注意到。

然而在工作中，并非睁开双眼就能看清全部。必须有意识地培养全局观。越是复杂的工作，利益相关者或成员越多的工作，就越有必要进行一些意识的革新和训练。

即便向上司或前辈请教"如何才能出色完成工作"这一问题时，得到的回答无非是"不断积累经验，慢慢就会明白"，或者"不经历一两次失败是无法独当一面的"。但对于这一问题，我的回答是：只有建立全局观才能当机立断、立即行动。而且，有高效的训练方法能实现这一点，并且不必体会失败带来的痛苦。

那就是接下来将要介绍的两种工具——"选项"和"工作框架"。

何为"选项"

"选项"指的是列举出多个可以实施的选项，并比较、评价这些选项的思考方法。提起思考方法，可能有人会感到惧怕，但其实这是非常简单的方法，只需把内容写在一张纸上即可。它与《零秒思考》中的笔记法相似，因此大可不必担心。

从日常生活中的选择到工作中的重大决定，"选项"是我们做决定时一定会使用的工具。

下面以"如何度过新年"为例为大家解说。

◎ 在自己家悠闲度过

◎ 回老家

◎ 在酒店度过

大家可能会立即想到这些选项。然后将这些选项制成下面的图表，这就是最简单的选项的形式。

➜ 选项的案例

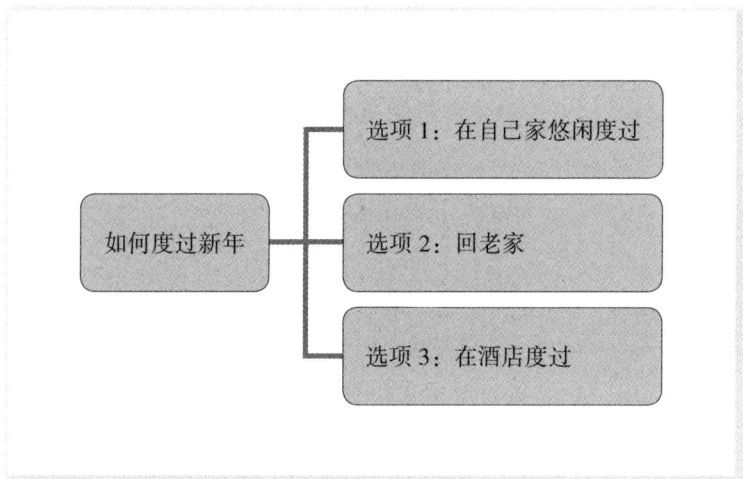

```
                    ┌─────────────────────────┐
                    │ 选项 1：在自己家悠闲度过 │
                    └─────────────────────────┘
┌────────────┐      ┌─────────────────────────┐
│ 如何度过新年 │──────│ 选项 2：回老家           │
└────────────┘      └─────────────────────────┘
                    ┌─────────────────────────┐
                    │ 选项 3：在酒店度过       │
                    └─────────────────────────┘
```

只要掌握列举主要选项并迅速评价的技巧，就可以无遗漏地评价多个选项，从而选出最佳方案。这样也能够避免在事后出现"还有其他更好的方法"或"为何事先没发现某个方法不合适"的想法。

如果没有充分考虑选项，不仅无法做到尽善尽美，甚至还会出现重大失误。

无论是在工作还是生活中，人类的行动其实都是一系列的选择。极端地说，选择几乎是人生的全部。相信每个人都能理解提高选择的准确度是非常重要的一件事。

但是，很多人并不熟悉选项。我在麦肯锡公司学会这一方法后已运用多年，但在出版《零秒工作》后，在研讨会中简单介绍这个方法时，依然能够获得强烈的反响，这令我感到震惊。

有人以自己的方式，已经在日常生活中运用选项，但几乎没有人能够贯彻这一做法。无论是工作还是生活，尽量提升对选项的思考速度，会大幅消除压力和后悔，不会再问自己是否能做到尽善尽美，同时也能感觉到生产效率的大幅提升。这与建立全局观息息相关，也会成为当机立断、立即行动的基础。

如何利用并灵活运用选项等问题将在第 3 章中详细说明。

何为"工作框架"

工作框架是整理事物的框架，最简单的是 2×2 的框架。

例如，面对堆积如山的工作，在排列先后顺序时，不应毫无章法地全部列出，而是先将其整理成 2×2 的框架。整理方法有许多种，但因为是工作的先后顺序，最好将纵轴设定为"紧急程度"，横轴设定为"重要程度"。

然后，将纵轴和横轴分为"大"和"中"，共 4 种情况，由此可以俯瞰整体，如下图所示。

➜ 工作框架的例子

工作的优先顺序

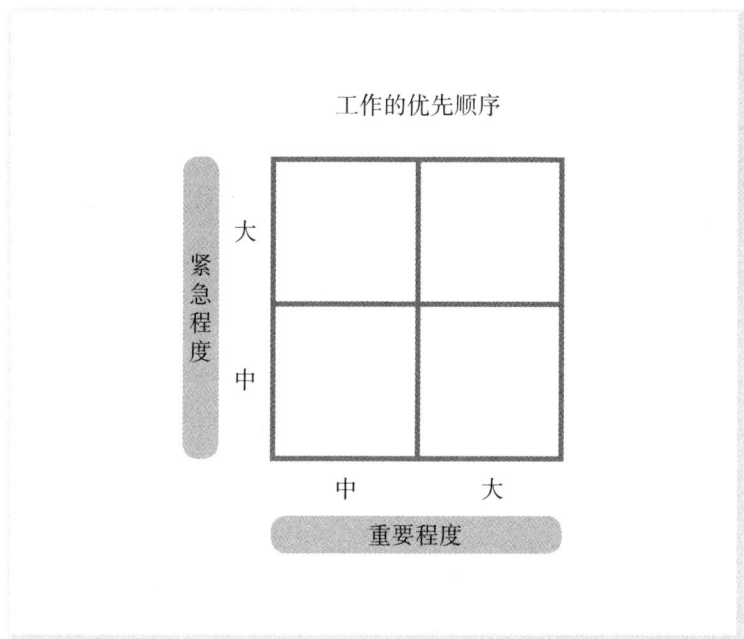

由此便可以划分出工作的先后顺序，不会再有工作堆积如山却一筹莫展的痛苦，而是可以将工作划分成：

◎　需要立即推进的工作

◎　重要、但可以延后的工作

◎　不重要、但需要立刻推进的工作

◎　现在不必关注的工作

一旦掌握了整理的方法，就能够充分发挥自身实力，避免陷入恶性循环。这是大家已经按照最合适的顺序和时间分配来推进工作的缘故。

除此之外，还可以在多个领域充分运用工作框架，十分便捷。比如划分问题点，对用户群进行分类，整理新的解决方案，等等。

无论在工作还是日常生活中，提高工作框架的分类速度，就能感到压力减少，而生产效率大幅提高。这就是当机立断、立即执行的基础。

当然，必须进行一定程度的训练才能够顺利使用工作框架。更具体的练习方法将会在第 4 章中详细说明。

"选项""工作框架"和全局观

大家可能已经注意到，"选项"和"工作框架"都可以作为实现当机立断、立即执行的工具。一旦出现问题，只要妥善使用"选项"和"工作框架"，就能抢先做出判断和行动。

除此之外，使用"选项"和"工作框架"也是一种能够建立全局观，并做到更高程度"当机立断、立即行动"的训练。

"选项"其实是深入挖掘可能做出的选择。必须要充分把握面临的问题，并在瞬间列出所有可能做出的选择。同时，也必须正确理解这些选择对于自身有怎样的意义和效果。

在不断重复的过程中，就会形成了解自己能够做什么、自身的价值观这样的客观评价。自己的能力和想法也会成为全局观的一部分。

工作框架也是如此。在制作有意义的工作框架时，不能只关注某一部分，而是要俯瞰全局，在此基础上也要转换意识，关注特定部分。养成这种习惯，也就相当于建立起了全局观。

在麦肯锡等咨询公司工作过的人，经常能够给人留下当机立断、立即行动的印象，这与他们已习惯使用上述两种工具有很大关系，并非因为他们天资聪颖。

希望大家能够牢记上述内容，并积极挑战下一章提及的训练。

第 3 章

当机立断、立即行动的工具①选项

选项的结构和要点

列举重要选项并评价，不遗漏

例如，在考虑"如何度过新年"时，列举"在自己家悠闲度过""回老家""在酒店度过"等项目，并研究如何选择，这就是选项。

如果一家东京的饭店希望在日本全国开连锁店，会讨论店铺的选址，比如：

◎ 在横滨开店

◎ 在名古屋开店

◎ 在大阪开店

这当然也是选项。

或是关于"新产品发布会"的举办时期或时机，比如：

◎ 下月初举办

◎　下月中旬举办

◎　月末举办

这也是选项。

在选项中，必须要列举出重要选项，不能遗漏。这是第一个要点。

一开始（或是在很长一段时间里）不要只在脑海中列举选项，而应该写在纸或白板上。这样就可以大大降低"遗漏"的可能性。

但在此时，有些人能敏锐地判断出哪些是重要选项，而有些人却无法做到。是否"重要"指的是该选项的意义，然而没经验的人无法做出妥当的判断，而是会列举过多的毫无意义的选项，或是自相矛盾的选项。

在刚才的例子当中，一家位于东京，并考虑在日本全国开展业务的餐饮店，可以选择在横滨、名古屋、大阪等地开设连锁店，但不必把日本所有的市、镇、村都列举出来，这是不言自明的。另外，如果选项不是横滨、名古屋和大阪，而是千叶、大宫和宇都宫①的话，那可能就会有人提出不同意见：如果从迅速开展全国业务的观点来看，应该要进一步拓展视野。因为竞争对手已经准备，在全国各地开设分店，而如果自己只在关东

————————

① 　三地分别位于日本的千叶县、埼玉县和栃木县，都属于日本关东地区，离东京不远。——译者注

地区发展的话，可能会造成巨大损失。

　　而且，一旦能做到无遗漏地列举出重要选项之后，接下来就有必要对其做出合适的评价。这是第二个要点。

　　只列举出选项的话，虽然会整理脑中思路，但在执行方面毫无意义。有时只列举选项就能瞬间判断个中优劣，但这种情况十分少见，而且很有可能导致评价缺乏正确性。

　　不要因一时兴起而做出决定，应该认真地列举出可能的选项，并做出合适的选择。本章将会详细说明如何列举选项、如何评价。

迅速列举出合适选项的秘诀

首先应最大限度地思考，避免先入为主

　　在选项中，如何才能迅速列举选项呢？首先要最大限度地思考选项的范围。

　　在考虑如何度过新年时，可以制定出如下的选项：

◎ 在自己家悠闲度过

◎ 回老家

◎ 在酒店度过

→ 选项的案例

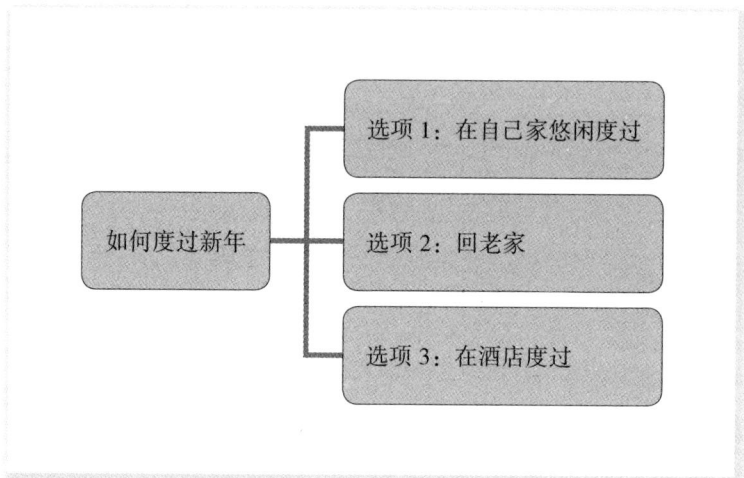

最初，由于预算的关系，列举了上面的三个选项。然而旅行也是一个选项，因为花费和选项 3 差不多。

另外，即便"在国内旅行"算一个选项，但出境游给人一种花费较高的印象，因此可能从一开始就被排除。但是，实际上出境游往往比国内旅行花费要少，比如去韩国等地方。因为先入为主的观念而排除一些选项的话，会导致可选范围变小，这样做毫无意义。

根据真正的目的和限制来缩小范围

在最大限度地列举出选项之后，就要根据真正的目的来缩小范围了。

位于东京的餐饮店要想在日本全国开展业务的话，连锁店的位置范围北至北海道，南至冲绳。并且，作为开展全国业务的第一步，考虑哪些地区合适，进一步缩小范围。目的是取得全国业务的成功，而不应该是某一家分店的成功。当然，分店的成功是必要条件，但这不应该优先于真正的目的。这些问题经常被混为一谈，因此要引起注意。

理想的分店位置应具备这些条件：与东京有一定距离、位于大城市圈、适合开展全国性的业务、没有不利条件等，以此来不断缩小范围。

我们经常要根据限制选项的要素和项目，缩小候选项的范围。

例如，在决定举办新产品发布会的日期时，可以根据：

◎ 产品完成情况

◎ 专用网页的制作情况

◎ 客服准备情况

◎ 市场计划的完成度和整合性

等因素考虑可能的选项，比如下月初、下月中旬或月末举办等。

此时，能正确列举多少限制选项的因素取决于是否拥有全局观。当然，这个思考过程本身就是建立全局观的一种训练。

注重全局观的同时，也要注意选项间的"亲子、兄弟关系"，并修改选项。

在列举选项之后，必须根据全局观重新检查是否因为先入为主和粗心大意而遗漏了重要内容。

由于不列出选项就无法做出评价，因此遗漏是致命失误。在如何度过新年这个问题上，如果丈夫只想到"在自己家悠闲度过"和"回老家"这两个选项的话，就有可能招致夫妻之间的纠纷。比如妻子会说："不是还有其他选择吗？为什么不考虑'在酒店度过''在国内旅行'或'出境游'这些选项呢？费用不会差很多啊。你不知道我回老家的压力有多大！"

以事业为例。比如公司要发展一项新的事业，一开始只想到"仅凭自己公司之力发展"或"建立合资公司"这两个选项，但根据全局观思想商讨后，也能够列举"建立子公司发展事业"、"采取控股公司制"、"事业合作"、"投资或收购创业公司"等选项。

此时修改选项的秘诀就在于关注选项内部的"亲子关系"和"兄弟关系"。

例如，通过"亲子关系"来修改"如何度过新年"的选项时，可以不拘泥于"新年"而从预算的关系角度，把该选项视为"全家如何度过一年中的长假"这个大主题的一部分。另外，也可以把选项之一的"在国内旅行"分割成更具体的选项，如列举出箱根、京都等城市（上述内容均非必要步骤）。

用"兄弟关系"重新审视是指，在"如何度过新年"中，既然列举出了"在国内旅行"这一选项，就理应能想到"出境游"这一"兄弟"选项。此外，刚才提到既已列举出箱根、京都等日本国内旅行目的地，那么作为相同等级的选项，也应该讨论是否要列举札幌等其他城市。

如果具备考虑"亲子关系、兄弟关系"的意识，那么从一开始就能够举出准确度较高的选项，至少在重新审视阶段不会

➡ 选项的"亲子关系"和"兄弟关系"

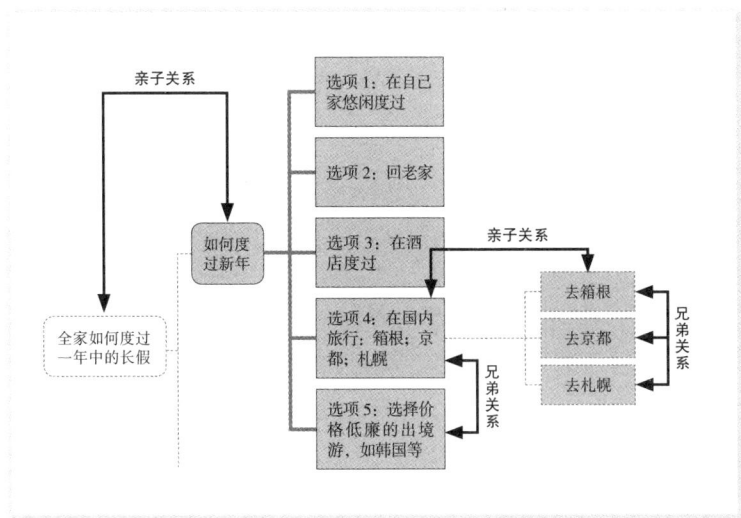

遗漏重要选项。

像这样灵活运用横向意识和纵向意识，即设定何为整体、何为部分的思维过程就是在建立全局观。这是最为重要的。而这也会有利于当机立断、立即行动。

评价选项的最佳方法

确定 4~5 个评价标准

在制定出选项之后，需要根据真正的目的决定如何评价选项。在评价各个选项的差异后，把最合适的 4~5 个评价标准添加到选项中。

以"如何度过新年"为例，从全家团圆的角度，可以确定"快乐程度""新颖程度""孝心""缩减费用"等几个标准。

"快乐程度"无论如何都是必要的。对于每年都要进行的活动，"新颖程度"也很重要。"孝心"则因家庭情况而不同。比如父母想见孙子孙女，或父母希望子女一年回家一次，再或是父母年事已高，要多孝敬父母等，都是应该考虑的因素。再比如孩子与爷爷奶奶很亲近，假期时要多带他们回去探望，这也是大多数人会有的想法。因为预算并不充裕，所以"缩减费用"

➜ 确定选项的评价基准

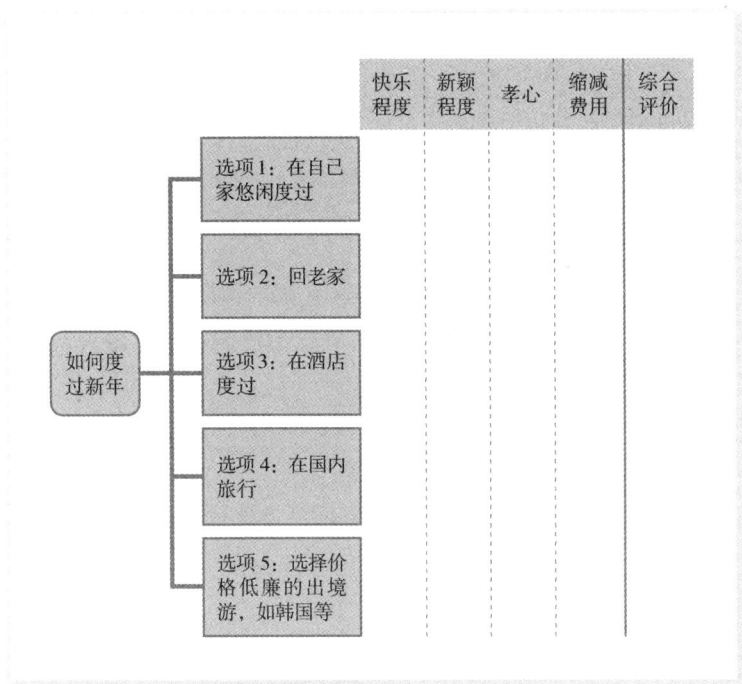

	快乐程度	新颖程度	孝心	缩减费用	综合评价
选项1：在自己家悠闲度过					
选项2：回老家					
选项3：在酒店度过					
选项4：在国内旅行					
选项5：选择价格低廉的出境游，如韩国等					

如何度过新年

也是制约条件之一，不可轻视。

于是就确定了评价标准。当然，根据家人的兴趣和喜好，"能否发挥兴趣""刺激程度""全家是否都能享受""是否能学到东西""是否会干扰孩子复习"等也都可能成为评价标准。

采用的评价标准，能够决定哪个选项才是最佳的，是否能获得全家人的认可，因此要迅速且慎重地确定标准。

在做与团队有关的决定时需要注意的问题

如果选项不是自己一人，而是涉及家人或组织等许多人的话，特别要注意以下两点。

一是在实际开始评价各个选项之前，要列出所有人都认可的评价标准。二是通过这些标准认真评价，一旦决定后要坚决执行。大家要在这件事上明确达成一致。如果没有取得大家的同意就开始评价，或评价过程中才确定修改、评价标准的话，那毫无疑问会出现纠纷。

有关如何确定评价标准这一点，即使是和家人或朋友，也要事先确定，不应抱怨"太见外"或"太死板"。工作中更是如此。只有全员在"在评价、决定这个选项时，采用这个评价标准来判断更为合适"，或"无论结果如何都要遵从这个标准"上达成一致之后，才能进入实际的评价阶段。

否则，当可能出现不遂己愿的结果时，肯定会有人提出："和预想的不一样"或者"这个评价标准有问题"。不仅如此，还有很多人会对此加以批判："这简直是蛮不讲理"或"一开始我就知道这样做行不通"。这世上有不少人以自我为中心，完全不在乎别人说他是"事后诸葛亮"。他们的话会给家人或团队的其他成员带来极大的压力。

关于决定评价标准还有一个要点，那就是选项程度越强，越应该给予其好的评价。这就是为什么在第 45 页的图中用的是"缩减费用"而不是"费用"来表示这个评价标准。如果用"费用"表示的话，有可能会被误以为费用越高越好，从而产生错误的综合评价。

用◎、○、△、× 等符号来评价选项

在评价标准方面达成一致之后，就要用◎、○、△、× 等符号标记上述 5 个选项。

　　◎……很好

　　○……尚可

　　△……不好

　　×……完全不行

这个方法看起来有些模糊，如果有不止一个人进行评价的话，就会出现不同的意见。比如怎样严格区分"很好"和"尚可"等，但在实际中并不会出现重大问题（前提是参与评价者之间没有发生争执）。

换句话说，通过 4~5 个独立的评价标准分别进行评价时，人们对于◎、○、△、× 等符号的感觉差异并不大。只要在评价标准上达成一致，每个评价在信息共享的成员之间就不会产生差异。

如果出现差异，其他人会提出异议。这时可以让评价者解

释这样评价的理由。这样一来，就会立即找到出现差异的原因，如没有彻底共享信息，或存在一些误解，等等。随后可以提出出现差异的原因，重新评价单个选项。

或许有人对用◎、○、△、×等意义模糊的符号做标记的做法会感到有些抵触。但这是我使用过上百次的方法，几乎没有出现过问题，所以大家尽可放心。再补充一点：用◎、○、△、×这些符号或许是日本特有的评价方法，如果团队中有外国人成员的话，需要事先对其进行说明。

评价选项的具体步骤

根据前文中提到的内容，以步骤的形式，重新整理一下评价选项的方法。

< 步骤 1 >

在评价选项的讨论会上，负责人针对每一个评价标准，要按照自己的判断依据说明评价结果，如"某选项因为某个原因被给出了这样的评价"。如果全员在评价标准上达成一致，并适当分解标准的话，团队成员给出的评价不会出现太大的差异。如果有差异，可能是因为没有充分共享信息，在说明原因之后，基本能达成一致。

< 步骤 2>

持有不同意见的人在此时会进行反驳："这个选项的评价不应该是○而应该是△吧？因为……"。后面的原因才是重点。没有充分共享信息的团队中往往会出现这样的情况，而并不是因为提出异议者的视角敏锐。

< 步骤 3>

对于这种情况，负责人应要做到：如果意见中肯就应该对评价做出修改，如果是因为信息共享的问题，则应该及时改正，并将其反映到结果中。

< 步骤 4>

如果在团队中有过于感情用事、言论太过主观的成员，就要特别关注，耐心解释，避免引起这类人情绪上的爆发。这种人往往性格直率，容易受伤，因此一方面要听取其正确的意见，另一方面要及时纠正其错误想法和激烈的态度。

< 步骤 5>

负责人要如实反映成员的意见，并确定各项目的最终评价。通常，按照上述步骤都能够获得较为满意的结果。

<步骤6>

以此为基础，进行综合评价。综合评价是指在各个条目上标注分数。各符号代表的分数如下：◎——4分、○——2分、△——1分、×——0分。

根据总分标注最后的符号。可以只写总分，但建议大家还是在分数旁边再次标注符号，这样能够避免最终结果出现变动。最高得分标注◎、尚可的标注○、不确定的标注△、不考虑的标注 ×。（如下图所示）

➜ 确定选项的评价基准

	快乐程度	新颖程度	孝心	缩减费用	综合评价
选项1：在自己家悠闲度过	△	△	×	◎	6 △
选项2：回老家	△	△	◎	○	8 ○
选项3：在酒店度过	○	○	×	△	5 △
选项4：在国内旅行	◎	○	×	△	7 ○
选项5：选择价格低廉的出境游，如韩国等	◎	◎	×	△	9 ◎

如何度过新年

此时，负责人要关注整体的平衡性和成员的反应，在讨论中既不要太过强势，也不要优柔寡断。

在这个案例中，"选项 5：选择价格低廉的出境游，如韩国等"的快乐程度和新颖程度都很高，虽然在"孝心"方面稍逊一筹，但因为价格低廉，支出较低，因此获得综合评价第一名。在"孝心"这个标准中，除了"选项 2：回老家"之外，全部被给了 × 的评价。可能前年和去年都回去过了，"今年不回也罢"的想法更加强烈，于是才做出了这样的判断。

在讨论如何度过新年时，一致同意将"快乐程度"和"新颖程度"作为评价标准，其实就已经在某种程度上反映出了成员们的想法。需要考虑父母的想法，因此加入了"孝心"这个标准。但大部分人恐怕都认为，在该标准中即使只得到 × 的评价也是无可奈何的事。能否准确把握成员们这种微妙的感觉，能否在确定评价标准和评价时发挥领导作用，取决于负责人的能力高低。因为这不仅仅是单纯的、机械性的评分，而是需要具备能够调节整体的平衡感。

家人共同进行评价时，大家的标准在一定程度上会有不同。使用这种方式能够尽可能地协调大家的意见，较为顺畅地在选项上达成一致。可能有很多家庭是父亲一个人说了算，但采用这样的方法，孩子也可以参与其中，这对他们来说也是很好的体验。

在确立并评价选项时，如果没有认真完成上述步骤的话，很可能在后期会出现麻烦。

例如，有人并没有真正地认可结果，但当时没有发表意见。当出现问题时，他会说："当时我就觉得不对。"你可能会说："你当时也没提出意见吧？"他便开始寻找借口："当时氛围不好，我没法发表意见。"虽然狡猾与回避会降低他在团队中的声誉，但这种人不会在意他人对他的看法。因此负责人要事先让众人达成一致，避免出现类似的情况。

我曾多次作为确立、评价选项的负责人，认真完成上述的评价步骤，几乎整个团队的意见都能达成一致，也几乎不会出现需要返工的情况。要求返工的人多是因为发现了评价过程中不完善的部分。因此，关键在于耐心推进讨论进程，让整个过程无懈可击。

简易版：列举优点、缺点

除了设定评价标准来评价选项之外，还有列举优点和缺点这种更加简单的方法。

这种方法虽然简单，但经常会出现某选项的优点恰恰是另一选项的缺点的情况，整体有重复。此外，与列出具体评价标准的方式相比，单纯罗列文字这种方式难以做出综合评价。对该方法持反对意见的人会认为这种方法太过随意，并且常常会产生被强制接受意见的感觉，这也是该方法的缺点。

　　因此，建议大家尽可能列出具体的评价标准。

➜ 评价选项并达成一致（简易版）

	优点	缺点	综合评价
选项 1：在自己家悠闲度过	· 零费用	· 不比其他选项好，也不能尽孝心	△
选项 2：回老家	· 尽孝心，比较快乐，费用较低	· 不新颖，有些无聊	○
选项 3：在酒店度过	· 能收获一些快乐	· 不能尽孝心	△
选项 4：在国内旅行	· 较为快乐	· 不能尽孝心	○
选项 5：选择价格低廉的出境游，如韩国等	· 非常快乐，出境游很新颖	· 不能尽孝心	◎

（左侧："如何度过新年" 连接各选项）

彻底掌握选项的训练

养成运用选项的习惯

　　如果能顺利确立、评价选项，那么当机立断、立即执行会变得十分容易，也不会再怀疑自己的决断是否有失偏颇。另外，将课题整理得井井有条，会减少迷茫，更容易付诸行动。

负责人能够简明易懂地向成员们说明不同选项的评价方法，也就不会担心是否会有成员不认可评价结果。因此负责人能更轻松地发挥领导能力，也能拓展成员们的视野。整个团队团结一致，也更容易做到当机立断、立即执行。有的课题甚至只需要全体成员在白板前进行 15 分钟的讨论，就能获得大家都认可的解决方案。

怎样做才能达到这样的水平？怎样才能完全掌握选项？

负责人要想让团队完全掌握选项，最重要的就是养成运用选项的习惯。

准备一些 A4 纸，设计成下图的形式，一旦犹豫不决就立即使用这张纸。条件允许的话，可以在团队会议室准备两张白板。在一张白板上用油性马克笔画出下图的形式，每次直接在

➜ **选项的形式**

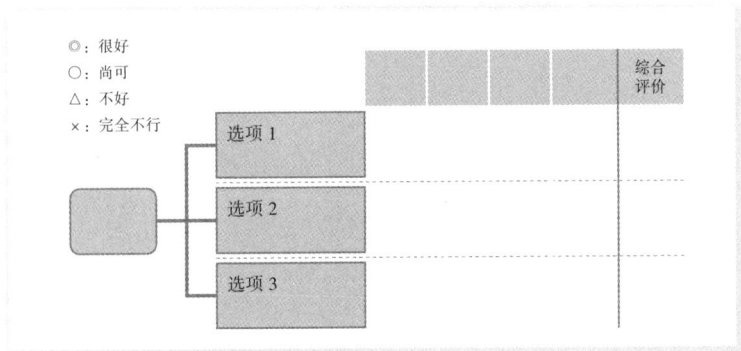

白板上书写即可。即便是这样简单的形式，事先在白板上画好与每次现场制作相比，精神负担会少很多。通过方法，降低团队成员熟悉并习惯选项的门槛。

54 页的图表中只列出了 3 个选项，需要第 4 个选项时直接补上即可。

积累选项的评价实例

养成确立、评价选项的习惯后，会积累很多选项的评价实例。实例数量越多，完全掌握选项的障碍就会越少。

我采用两种方法积累并再次利用选项的评价实例。这些实例不仅可以被再次利用，也能为包括自己在内的全体成员的能力提升做出巨大贡献。

第一种方法是复印并积累用于评价选项的 A4 纸或白板照片。尽量将其分类，使自己或团队其他成员一看就能获得启发。这是最简捷的方法。即便是能力和经验不足的团队成员在看过许多优秀的选项评价案例后，也能立即模仿，并且在确立、评价选项时也能保证一定的水准。

类别可分为"计划相关""新事业相关""技能相关""资源分配相关"，等等。积累 10~20 个选项的确立、评价实例后，该团队或部门就应该能发现与其相契合的分类方式。

第二种方法是以电子文件的形式把资料保存在团队共享的文件夹中，可以随时参考。此时可以根据每一项分类，建立业务、目的、评价标准等有特征的子文件夹，尽量做到一次能找到几十个实例。

使用电子文件检索十分方便，但实际上逐一阅读会花费大量时间，反而会弄巧成拙，最后导致成员不会再次阅读。因此，最佳方法是既整理纸质版，又将其存入电子文件夹中。

用 A4 纸做笔记来掌握选项

为了掌握选项，不仅要在每个项目中认真对待选项的确立和评价环节，还要用下一页的图表形式，每天进行 4 个确立选项的练习。

当然，我建议大家使用 A4 纸练习，每张纸写一个评价。但还有更加轻松的方式，如对任何事都迅速列出 3 个选项的这种训练方法也是很有效的。

每天都坚持写选项，主题可以是"策划的方向""新事业的方案""本周应该见面的人""可以跳槽的企业""周末的日程"，等等。甚至可以用不同的观点讨论同一个主题，这样应该能够更早地发现确立选项的关键。

另外《零秒思考》中的用 A4 纸记笔记也是有效的基础练习（详见 13 页）。只要每天写 10~20 张 A4 纸，每个人都能迅速厘清思路，消除疑惑。这样就掌握了灵活运用选项的基本能力。

具体说来，一旦心中有些迷茫，或脑海中有灵感闪现，就要马上记在 A4 纸上。把想到的内容作为主题，并在下面写 4~6 句话，每句 20~30 字，每句话要在 1 分钟内写完。使用打印纸的背面即可，不必太严谨，也不会占据过多时间，能够立即完成。

只要每天坚持写 10~20 张笔记，大多数人都能在 3 周左右感受到巨大的变化。例如，能够完全理解他人的发言，或是认为大家在会议上的发言简洁易懂，等等。

➡ 确立选项的练习（1 天 4 个）

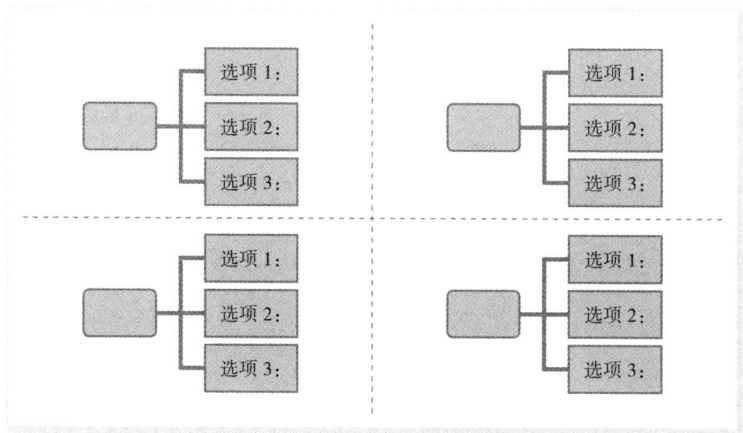

另外还有一种使用 A4 纸的训练方法。

具体来说，如下图所示，首先要做笔记。基本上都是分条列举，一开始做到这种程度即可。最开始 1 分钟只能写 2~3 行，逐渐适应后，便能写出 5~6 行了。通过这种方式可以锻炼用语言思考的能力。如此一来，就能建立全局观，并可以添加、整理选项了。虽然图例中的每行字数只有 5 个字左右，但练习后可以达到每行写 15~20 字以上。

➥ 用 A4 纸做列举选项练习

如何度过新年　　　　　　　　　　　2016-1-31
– 在自己家悠闲度过
– 回老家
– 在酒店度过
– 在国内旅行
– 出境游

评价标准也是如此。依照下图，将想到的内容迅速记在纸上，就能够找到适当的评价标准。作为笔记来说虽然字数较少，但因为是评价标准所以不必在意。这部分需要大家随机应变。

习惯使用选项后，在会议讨论即将陷入混乱时，会议发起人可以在白板上整理内容。几乎没有人能够立即做到这一点，因此更容易发挥领导能力。

→ 用 A4 纸做列举评价标准的练习

如何度过新年的评价标准　　　　　　　　2016-1-31
– 快乐程度
– 新颖程度
– 孝心
– 缩减费用

　　不仅如此，也会更加关注工作整体状况、并积极收集信息，从而能够快速成长。已经养成从更高的角度考虑选项的习惯，因此在把握问题和提出解决方案方面的视野也会变得更加宽广。此外，还会减少以自我为中心的片面决断，能够客观看待问题。拥有全局观，便能逐渐做到当机立断、立即执行。

第 4 章

当机立断、立即行动的工具②工作框架

工作框架的结构和要点

或许很多人都知道工作框架，特别是 2×2 的工作框架，然而能够实际将其用于整理思路和事物的人似乎并不多，能用于解决自己问题的人更是少之又少。因为我曾支援过许多大企业和创业公司，却几乎没见过有人能够自如地运用工作框架。

大部分人只是修改他人设计好的工作框架，然后填入新的数据而已。但是一开始设计的工作框架并非是最好的。如果情况发生变化，只是替换其中的内容则不是切合目标的使用方法。应该充分考虑工作框架的主题、横轴、纵轴、坐标轴的等级，以及填充的内容是否具有一致性。

不遗漏、不重复地分类

正如第 2 章介绍的那样，最具代表性、用途最广的工作框架就是 2×2 框架（矩阵）。如果 2×2 不足以覆盖的话，还可以拓展为 2×3、3×3、3×4 等形式，但一般来说 2×2 已经足够使用。

另外，工作框架除了框架型之外还有许多种类，但只要完全掌握 2×2 的工作框架，也自然能够掌握其他形式，因此本书将以 2×2 为主进行介绍。首先通过案例了解其结构和要点。

先从身边的简单案例开始讲解。例如，在思考"想旅行的国外城市"时，可以通过工作框架整理：将横轴设定为"地区"，并将等级设定为自己非常感兴趣的"亚洲"和"其他地区"。将纵轴设定为"目的"，等级为"以工作为主"和"以旅游为主"。

结果如下图所示。在划分出的 4 个栏中分别填入自己想去的城市（一个或以上），用独立的纵轴和横轴划分。能做到这一

→ **工作框架案例**　想旅行的国外城市

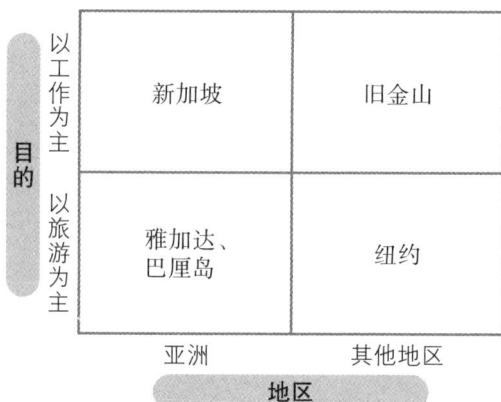

目的	以工作为主	新加坡	旧金山
	以旅游为主	雅加达、巴厘岛	纽约
		亚洲	其他地区
		地区	

步便是及格。

顺带一提，不遗漏、不重复地分类这种做法叫作"MECE"，这是常见的商务用语。

再以"想读的书和杂志"为例。将横轴设定为"书和杂志"，纵轴设定为"阅读目的"，等级为"以工作为主"和"以兴趣为主"。在"以工作为主的书"（左上）栏里填入了"彼得·德鲁克的书"和"最近热门的商业类书籍"，"以兴趣为主的书"（左下）栏里填入了"历史小说"和"科幻小说"。

另外，"以工作为主的杂志"（右上）栏里填入了《日经商业》和《钻石周刊》，"以兴趣为主的杂志"（右下）栏里填入了《无线电操纵技术》。

➡ **工作框架案例**　想读的书和杂志

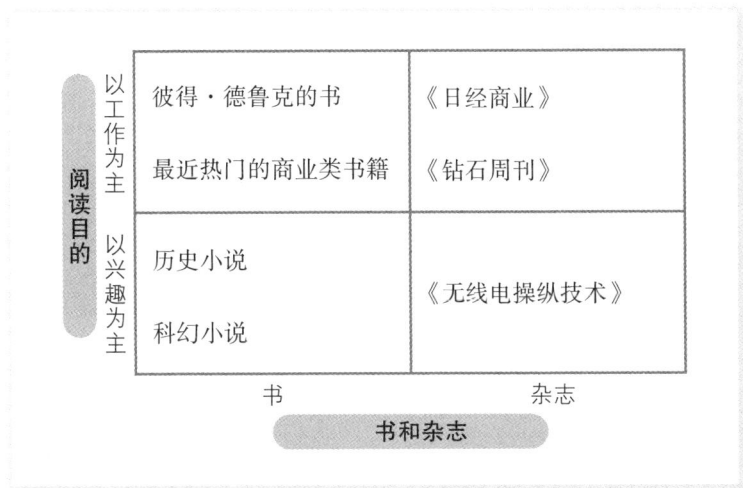

阅读目的	以工作为主	彼得·德鲁克的书 最近热门的商业类书籍	《日经商业》 《钻石周刊》
	以兴趣为主	历史小说 科幻小说	《无线电操纵技术》
		书	杂志
		书和杂志	

通过分类，再次明确了工作方面和兴趣方面想读的书和杂志。

可能有人会认为不必写出这些内容，但十个人中也不一定会有一个人能在2~3分钟完成2×2的工作框架。如果在与客户商谈的过程中，为了整理课题而设计出这样的工作框架，那么客户一定会大吃一惊，并投来赞许的目光。

即使认为这些内容不必特意整理出来，但没有掌握整理方法也无法完成。这也暴露出了一点：以为已经完全掌握，但并没有触及本质。

因此，我希望大家认真设计像"想旅行的国外城市"或"想读的书和杂志"这种基础工作框架，并做到熟练运用。

另外，在设计工作框架的过程中，经常会有意外发现。比如上一页工作框架的右下角一栏是感兴趣的杂志，我立刻想起了《无线电操纵技术》。

因为我从小学到初中就一直很喜欢这本杂志，比看教科书和参考书都要认真。即便到了高中、大学乃至毕业后我也偶尔会买来阅读，但最近5年我没有再看过这本杂志。在设计这个2×2工作框架时，我意识到：其实我还是喜欢看这本杂志的。它对我来说是宝贵的事物。

已经习惯并能较流畅地设计"想旅行的国外城市"和"想读的书和杂志"这类简单的工作框架后，接下来就要运用到实际工作中。

例如，下图是关于"经营课题的整理"。横轴是"重要程度"，纵轴是"紧急程度"，两个轴的等级皆为"大"和"中"。

因为经营课题都有一定的重要性和紧迫性，不会优先处理既不重要又不紧迫的事，所以坐标轴不必分为大、中、小三部分。如果非要如此列出等级的话，可以采用3×3的框架。但就经营课题而言，用2×2框架可以一目了然，也能更方便地确定工作的优先顺序。

➡ **工作框架实例** 经营课题的整理

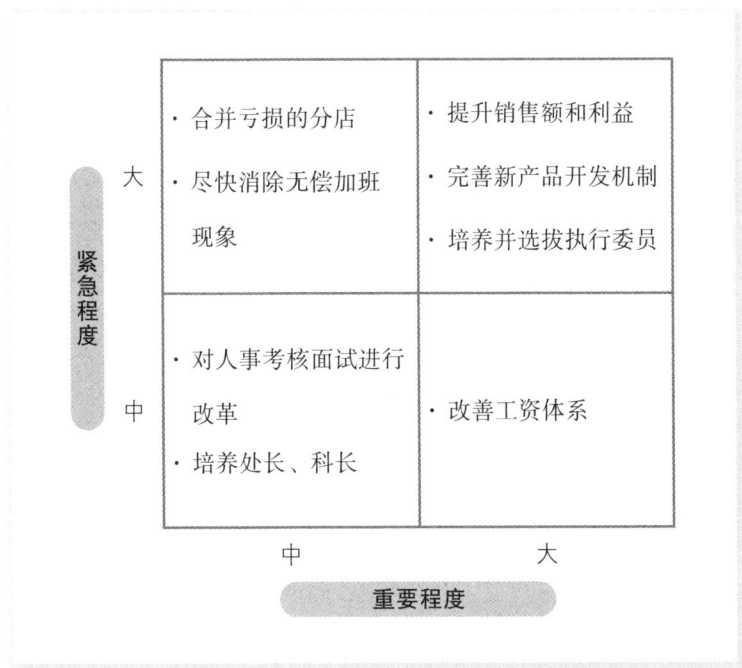

紧急程度		
大	·合并亏损的分店 ·尽快消除无偿加班现象	·提升销售额和利益 ·完善新产品开发机制 ·培养并选拔执行委员
中	·对人事考核面试进行改革 ·培养处长、科长	·改善工资体系
	中	大
	重要程度	

　　既重要又紧急（右上角）这一栏填入了"提升销售额和利益""完善新产品开发机制"和"培养并选拔执行委员"等内容，这些都对事业发展具有重要影响。"完善新产品开发机制"很重要，但总是被往后拖。实际上，为了尽早让新产品进入市场，需要立即完善相关机制，因此把这一项放到了右上角一栏当中，并持续关注。

　　"改善工资体系"被放在了右下角一栏中。从经营的角度来看，虽然改善工资体系很重要，但其效果往往是后期逐渐体现出来的，而且在此之前有许多事要优先处理。考虑到紧急程度不高，于是将其放在右下角比较妥当。

　　虽然"合并亏损的分店"和"尽快消除无偿加班现象"对整体业绩的影响并不是很大，但从经营改革的观点来讲，这两件事需要紧急处理，因此将其置于左上角一栏中。特别是"尽快消除无偿加班现象"，对于业绩的直接影响并不大，但一旦被劳动监管部门警告，事态就会变得严重，因此十分紧迫。

　　"对人事考核面试进行改革"对于整体业绩影响不大，也不是非常紧迫，因此被放在了左下角一栏中。

　　从中长期视角来看，"培养处长、科长"对于业绩有很大的影响，十分重要。然而培养方法因人而异，而且在此之前，不得不优先处理十万火急的问题，因此只要没有特殊情况，倾向于将其置于左下角。

　　顺带一提，如果公司高层想要培养处长、科长的话，首先要认真培养并选拔执行委员，经过一段时间后再全力以赴地培养处长、科长为好。否则，在培养处长、科长过程中，相关负责人可能会有不同的意见，从而造成混乱。

通过设计简单的工作框架，可以更简单、细致地深入讨论，也能够使公司高层之间的想法达成一致，形成一套共同的话语体系。在考虑事情的重要程度和紧急程度时，大脑经常会出现混乱，即使自认为已经明白，但说话的条理并不清晰。如果大家都能厘清思路，拥有全局观，交流时就能清晰地表达自己的想法。

在整理两个以上的问题时，2×2 的工作框架会发挥极大作用。除上述实例之外，还能想出许多主题。用工作框架进行整理时，能够准确发现问题所在，厘清思路，从而付诸行动。通过工作框架，也能发现一些尚未解决的难题的突破口。

这是因为建立全局观之后，能够统筹兼顾整体与部分的关系，也能自然地意识到整体的范围。

在熟练掌握工作框架之后，就可以通过全局观看待任何事物，不会再慌张失措，也不会再担心是否忽视或遗漏事项。即便遇到突发情况，也不会动摇。因为当场就能瞬间判断出问题所在、严重程度，以及能否解决。

如此一来，就会离"当机立断、立即执行"更近一步。因为拥有全局观，所以能够摆脱担心与迷茫，勇往直前。

如何正确构建、检查工作框架

已经完成的 2×2 工作框架看起来很简单，但设计出适合特定课题和状况的工作框架绝非易事。

首先要判断以下内容：

◎ 现在想要整理的事项

◎ 怎样设定坐标轴才能使工作框架最具意义

◎ 在 2×2 的工作框架中，怎样划分坐标轴的等级最为合适

◎ 4 个栏中是否填入了合适的内容

◎ 主题、坐标轴、坐标轴的等级、分类的内容之间是否有矛盾

◎ 工作框架整体是否有效

之后还要修改，做到统筹兼顾，设计出完整的工作框架。下面进行详细介绍。

①现在想要整理的事项

应该把现在自己想要整理的问题作为工作框架的主题。将平常在意，并想整理的事情直接写下来即可。不必想得太复杂，正面面对问题就好。但是要注意主题的正确性，以及自己与团

队成员之间关于一些词的理解是否有偏差。

例如，在"想旅行的国外城市"的案例中，要将欧洲、亚洲、北美洲、拉美洲、非洲等都考虑在内。因为是外国的城市，所以当然不能包含国家。

几乎所有人都知道香港是一个城市，中国是一个国家，但可能对一些事实不太确定，比如：新加坡既是城市也是国家；雅加达是一座城市，是印度尼西亚这个国家的首都；河内是一座城市，是越南的首都；等等。我们要了解这些常识，并逐渐习惯分类和整理方式。

大家同意去国外旅行，正在商量目的地，可能会有人突然说："冲绳②怎么样？听说冲绳不错哦。"这时，如果仅回应一句"你说的不对"似乎略显苍白。这是在课题较为复杂、成员知识储备不足，以及成员对负责人不信任时容易出现的现象。

在"想读的书和杂志"的案例中，无论是书还是杂志，都应该包含电子书。然而也有人会认为"书不包含电子书"，因此在认识上会出现一定程度的偏差。即便是很简单的"想读的书和杂志"这个工作框架，也要更加严谨地划分等级，比如设定为"想读的纸质书和杂志"或"想读的书和杂志（都包括电子书）"等。

看似是微不足道的小事，但在设定主题时必须要有这样细

---

② 冲绳是日本的一个县。——译者注

致入微的考虑。如果没有认真思考，那么在实际讨论过程中，可能会有人提出不同意见，比如："我没打算这样做"或"书肯定指的是纸质版的吧"等，于是现场的气氛就被破坏了。更有甚者希望终止讨论，并说："我一开始就知道不行"或"没用的，算了吧，前提都不统一"，而他们之所以这样说，仅仅是因为上述的细节部分不够完善。

如果是整理经营课题的话，经营课题的定义和范围十分模糊。即便是同一家公司的总经理和副总经理之间的看法也经常会有不同，公司高层和中层之间的看法会有更大的差距。我们可以做一项测试：让包含总经理在内的所有领导层人员分别在2×2的工作框架中填入信息，并同时展示结果。可以发现每个人使用的语言和填入4个栏中的内容会出现大的不同。

我们需要对"经营课题"指的就是该词本身的含义，即"公司经营方面的重要问题"这一点达成共识。在此基础上，要相互确认目前各项工作的重要性和紧迫性，这样在讨论时才能做到没有遗漏，并且是具备全局观的。

②怎样设定坐标轴才能使工作框架最具意义

这是设计工作框架的重中之重。我们要设计出能够用于合理的纵轴和横轴，这一点在整理时十分必要。要选取最重要的两个指标，使两轴相互独立，比如在"经营课题"的工作框架

中，我们选取了"重要程度"和"紧急程度"两个指标。下面
列举出了一些具体的主题和坐标轴的组合。

主题	坐标轴举例
工作的优先顺序	"重要程度"和"紧急程度"
想旅行的国外城市	"地区"和"目的"
想读的书和杂志	"书和杂志"和"阅读目的"
经营课题的整理	"重要程度"和"紧急程度"
如何培养下属	"技能"和"干劲"
如何激发下属工作	"技能"和"性格"
如何让出色的下属加速成长	"对待工作的态度"和"指导内容"
如何对待不会工作的下属	"与下属的相互信任"和"下属的心理障碍"
产品质量问题	"严重程度"和"问题出现频率"
商品开发过程中的课题	"距离投放市场的时间"和"对收益的效果"
消费者需求	"使用状况"和"消费倾向"
消费者区分	"使用方法"和"使用频率"
如何接近目标客户	"推送内容"和"推送手段"
确定新事业的领域	"竞争优势"和"与已有事业的协同作用"
对已有事业的经营改革	"提升收益率"和"进展速度"
确定入职的公司	"想做的工作"和"前景"

接上表

主题	坐标轴举例
确定跳槽的公司	"现在想做的工作"和"对提高能力的贡献度"
交往对象	"自己的喜好"和"与对方是否投缘"
确定结婚对象	"自己的喜好"和"婚后是否合拍"
如何有效相亲	"约会方法"和"能见面的相亲对象数量"
选择住处	"通勤时间"和"环境是否适合家人居住"
交流技巧	"自己的风格"和"对方的风格"

　　上面列举了一些具有代表性的横轴和纵轴的案例。当然根据状况不同，还会有更有效的坐标轴。

　　如果感觉工作框架有不妥之处的话，首先要确认横轴与纵轴是否独立。比如在"工作的优先顺序"的工作框架当中，两个坐标轴不是"重要程度"和"紧急程度"，而是"重要程度"和"严重程度"这两种类似的等级，则无法顺利地整理，也就发现了问题所在。关键在于是否使用独立的坐标轴整理。

　　所谓"独立的坐标轴"指的是一条坐标轴的变化不会引发另一条坐标轴的变化。

③在 2×2 的工作框架中，怎样划分坐标轴的等级最为合适

要根据工作框架的"主题"和"使用目的"来确认坐标轴的等级是否合适。

是否合适要因情况而异。前文提到的"想读的书和杂志"的工作框架中，横轴是"书和杂志"，纵轴是"阅读目的"。这时纵轴除了可以分为"以工作为主"和"以兴趣为主"之外，还可以分成"立足当前"和"着眼未来"，或是"面向个人"和"面向组织"等，要逐一进行判断，确定等级。

④4 个栏中是否填入了合适的内容

即便横轴、纵轴相互独立，看似可以整理，但有时也无法在 4 个栏中填入合适的内容。

如果没有适合的内容，或者不确定应该填入哪个栏时，应该再次确认坐标轴的等级是否合适。有可能坐标轴之间没有相互独立，或含义本身就有不明确之处。再或者是想要填入的词过于宏观或微观。在填入级别不同的内容时，容易出现这样的问题。

填写后，也要斟酌 4 个栏中的内容，确认是否合适。如果存在微妙的不一致，应该会有一种如鲠在喉的感觉。原因大多在于坐标轴设定太过简单，应该再次考量。

如果坐标轴之间没能相互独立，而是相互依存的话，每个人都有不同的见解，在分类过程中就会出现偏差。这样会导致最初在 4 个栏中填入内容的阶段出现犹豫和混乱。

⑤主题、坐标轴、坐标轴的等级、分类的内容之间是否有矛盾

工作框架是同步即时进行的，修改其中一部分会影响其他部分，导致不得不修改其他部分。为了避免出现偏差，一定要掌握整体。一开始可能会感到十分困难，但随着不断积累实践经验，就能够逐渐具备这一能力。

⑥工作框架整体是否有效

即便坐标轴相互独立，4 个栏中也分别填入了合适的内容，但有时也许会发觉工作框架本身没有太大的用途。再次考虑使用工作框架的目的，修改主题和坐标轴之后，也许能够找到工作框架新的价值。

另外，即便是突然想出的十分简单的工作框架也会有意想不到的作用。我们要在平时树立较强的问题意识，收集信息，从而培养出敏锐的视角。如果做到这一点，即使是"突然想到"的工作框架，其用途也会十分广泛。

上述情况会经常出现，因此在制作工作框架时应该确认整体是否有用，只使用有效的工作框架。

按照以上 6 个步骤，可以设计出更加合适、有用的工作框架。

循序渐进，逐步掌握工作框架

逐步掌握工作框架的标志就是使用工作框架的方法不断熟练。下面详细介绍如何提升工作框架的使用方法的熟练度。

初级阶段：能在当场设计出工作框架

在习惯工作框架之后，当感觉有课题需要整理时，就能够当场制作工作框架，并明确工作的先后顺序，做到灵活应对。

想要整理不明确的主题是非常普遍的需求。之前由于不知所措，所以只好抑制这种渴望或置之不理。即便对一些事持有异议，但因为不够自信，终究没有发表意见。

但今后再遇到类似情况时，可以当场制作有效的 2×2 工作框架，立即让自己认同；也可以在大家面前整理并说明。如此一来，不仅是同事和下属，就连上司也会大加赞赏并认可你的能力。其他部门的同事，甚至是客户在遇到困难时也会向你求助。这是因为你能帮助他们消除困惑与迷茫。在帮助他人的过程中，自己的工作也会变得更加顺利。支撑这一切的工具和技能就是工作框架。

即便是被称赞工作出色的人，也不一定擅长整理事务。简单的工作尚可应付，遇到稍微复杂的工作便会一筹莫展。当下属感到迷茫时，有很多上司却不懂装懂："我不知道。这样做也没关系，之前也是这样做的。"强行让成员认可自己的做法。

因此，只要能当场制作 2×2 的工作框架，你就会得到大家的认可，也就拥有更多实际使用工作框架的机会，进一步提升能力。最关键的是可以整理脑中思路，建立全局观，从而为当机立断、立即行动打好基础。

中级阶段：工作框架会瞬间浮现在脑海中

能够制作工作框架，并能顺利整理事务、解决问题后，会不断积累成功，提升自信，再困难的事也能迅速处理。

这样一来，脑海中会瞬间浮现适合公司、项目情况的工作框架。利用符合情况的工作框架不仅能判断出重要性、紧迫性、项目的大小或漏洞多少，还能深入挖掘问题本质，并选取有效的坐标轴进行整理和分类。

整理的方法有很多。如果能瞬间找到有效的坐标轴，那么在任何时刻都能够沉着冷静，选出最佳方案。即便状况发生变化，也能积极应对，具有全局观意识。

高级阶段：工作框架能够运用自如

能做到自由制作工作框架之后，也许会被大家誉为"工作框架高手"，会有更多的人来寻求帮助。不仅工作效率更高，也能掌握以下这种能力。

时常整理自己的思路

《零秒思考》中提到的用 A4 纸记笔记可以整理思路，但 2×2 的工作框架更适合同时迅速整理、分析两个以上的事情，因为它能明确如何分类，以及整理内容。制作 2×2 工作框架之后，会感到茅塞顿开，找到了新的方向。因此也会拥有全局观，更容易做到当机立断、立即行动。

整理策划或提交的方案中的问题和现象

策划或提交的方案中会经常用到工作框架，因为它能展示出整体面貌和目前努力的方向，明确传达信息。另外，工作框架也能更清晰地体现出当前视角与通常的视角有所不同。

但是，正如前文提到的那样，有很多人偶然间开始使用某种工作框架，并一直用到现在，因此我们必须要不断斟酌，制作更加合适的工作框架。

整理会议中的意见和立场的分歧

在会议中，意见出现分歧时，如果能当场迅速整理双方的意见和立场的不同，就可以促进双方更加理解对方的想法。

例如，在整理一番过后，你可以说："A 说的是这个工作框架中右上角的情况吧？ B 说的应该是左下角的情况吧？我认为两位的意见不是相互对立，而是各自在讨论不同的情况。没错吧？"这时，A 和 B 都会恍然大悟，发现确实如此。

或者有人也许因为误会，而在会议中滔滔不绝，这时可以把他想说的话总结在工作框架中，既可以保全其颜面，不令他蒙羞；又可以结束冗长的发言，一举两得。因为工作框架已经完全表达了他想说的话，对方虽然会说："你明白就好。"但实际上心情无比舒畅。

讨论后整理思路

在与上司或同事讨论时，我们都有过这样的经历：当场不知如何提出反对意见，只好同意。

事后如果能想明白自然再好不过，如果不是的话，可以将讨论的要点整理在工作框架中。明确在意哪些问题后，也会随之释怀，也能以更加敏锐的视角参加今后的会议。

不断重复上述过程，会发现自己逐渐可以在会议中畅所欲言，也会获得在任何场合都能迅速处理问题的能力。

虽然只是一个简单的 2×2 工作框架，但如果能够灵活运用，就能够建立起全局观。无论发生何事也不会优柔寡断，并能够毫无压力地做到当机立断、立即行动。

通过训练来完全掌握工作框架

建立"工作框架练习册"并不断实践

完全掌握 2×2 工作框架是十分困难的。看似简单，但必须反复练习。无论是主题、坐标轴的选择，还是轴的等级、内容填写，都必须把握好整体的平衡。

我在刚进入麦肯锡公司时，完全不会制作工作框架，也不知该如何练习。在公司主办的培训讲座上会介绍工作框架，但几乎没有传授制作和练习工作框架的方法（如今可能有所不同）。

在麦肯锡，大概每个月都要制作正式的报告书并提交给客户，但因为当时我没有经验，领导对我制作的工作框架并不认可。图表也是如此，大概 100 个图表中只有几个会被选进报告书中。制作的资料不被上司认可，总是被批评，我当时根本看不到未来，不知何时才能制作出优质工作框架，也不知何时才能向客户提交方案。在项目中几乎得不到练习的机会，因此经常被上司批评："连这种程度的框架都做不好。"当时的我感到孤独无助。

之后我拼命收集前辈们制作的工作框架，建立了"工作框架案例集"供自己使用。但是无论收集了多少资料，制作出来的框架还是凌乱不堪；无论如何研究，在实际应用中总是无法发挥其作用。有时甚至直接将一个框架中的轴放置在另一个框架中。如果不能理解其本质，那么制作的工作框架就缺乏一致性。

在反复摸索的过程中，我终于得出结论：少说多做，拼命练习，熟能生巧。这只是当时一种积极的推测，但通过不断坚

➜ 练习制作工作框架（一天 6 个）

持，终于获得了成功。

具体做法就是使用 A4 纸建立"工作框架练习表"（如本页的图所示），每天坚持制作 6 个工作框架。

在坚持练习的过程中，会逐渐切身体会到工作框架的本质，掌握确定主题、坐标轴的方法，了解何为"牵一发而动全身"，也掌握了使用工作框架的正确时机。

在《零秒思考》之后，包括本书在内，我又接连出版了 9 本书，每本书的主题都是提升能力、做好思想准备的具体方法。我认为如果在工作时有人认真传授我这些知识，我也许会快速成长，因此不能再让别人重蹈覆辙。这就是我为什么毫无保留地详细介绍这么多"干货"的原因。

另外，在"工作框架练习表"里，可以对一个主题（比如"工作的优先顺序"）通过 3 个不同的切入点制作工作框架，这样会事半功倍。对于同一个主题制作 3 个不同的工作框架，可以了解用怎样的轴划分会更明确，用怎样的轴划分不易让人理解，如何才能制作实用性高的工作框架，学习效率也会有大幅提高。

就像根据料理的种类，将蔬菜切丝、切块、切片一样，也有根据目的整理最适合的工作框架的方法。如果坚持针对一个主题制作 3 个工作框架，就会掌握这种感觉。

用 A4 纸记笔记来掌握工作框架

下面再介绍一种能降低工作框架训练难度的方法。

推荐大家最好按照规定格式，一天练习制作 6 个工作框架。但为了夯实基础，《零秒思考》中提到的用 A4 纸记笔记也是很有效的方法，这与选项的练习如出一辙。如果感觉每天制作 6 个工作框架还是有些吃力，可以从记笔记开始。

具体方法如下。想做整理时，在设计工作框架之前，首先用几张 A4 纸，按照下面的步骤练习记笔记。

① 在一张 A4 纸上写下工作框架的主题。

② 在另外一张纸上写下为①中已列举出的每个备选主题列举的 4~6 个坐标轴，并选择。

③ 再用几张纸描绘工作框架的整体形象，字数不限。因为一开始如果不受拘束，自由地书写，后期会有飞速的提升。

④ 在此基础上，再用一张纸认真制作最终形态的工作框架。

即便已经有 2×2 工作框架模板，但只是看着这些模板而不知所措的人，一定要坚持进行 A4 纸记笔记的练习。习惯这种训练之后，在考虑工作框架的坐标轴时会变得更加轻松、简单。

灵活掌握各种工作框架

2×3、3×3 等扩展版工作框架

到目前为止，已经说明了 2×2 工作框架。其实还可以进一步延伸出 2×3、3×2、3×3 等多种形式的工作框架，只是栏的数量有所增加，基本框架完全相同（如下图所示）。

➤ 2×3 工作框架实例 想旅行的国外城市

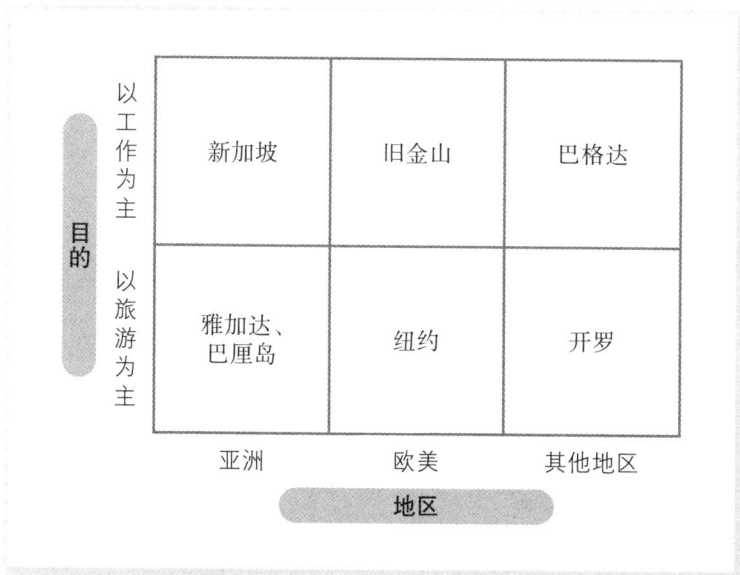

	亚洲	欧美	其他地区
以工作为主	新加坡	旧金山	巴格达
以旅游为主	雅加达、巴厘岛	纽约	开罗

目的

地区

与 2×2 工作框架不同的是，这些框架横向或纵向有 3 个栏，因此需要仔细考虑坐标轴的划分方式，仅此而已。如果已经在一定程度上掌握了 2×2 工作框架，那么也能灵活地使用 2×3、

3×2、3×3或3×4等工作框架。

　　但是，工作框架越复杂，制作时间就会越长，在之后的执行过程中也会增加工作量，因此要尽可能地将其控制在2×3、3×2、3×3的程度。

"定位、步骤"型工作框架

　　除了像2×2这种矩阵型的工作框架之外，还有在获得全局观基础上的实用工作框架。这种类型的工作框架虽然看起来十

➔ **工作框架的种类** 定位、步骤

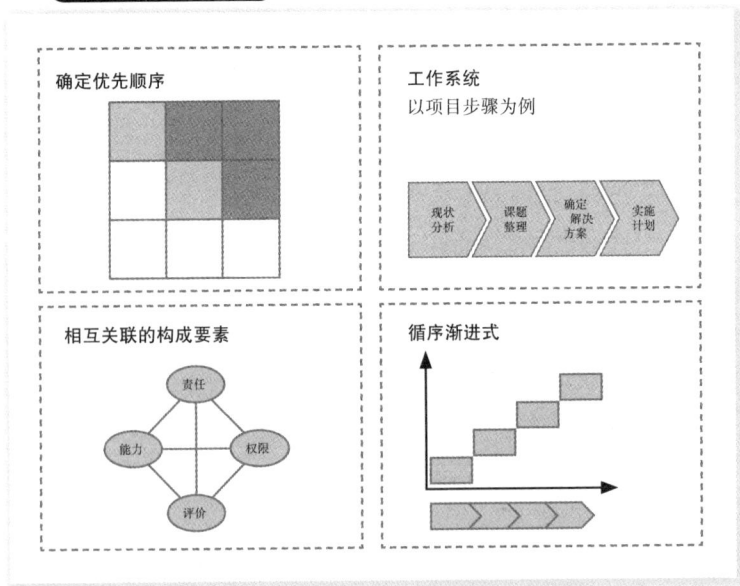

确定优先顺序

工作系统
以项目步骤为例

现状分析　课题整理　确定解决方案　实施计划

相互关联的构成要素

责任
能力　权限
评价

循序渐进式

分复杂，但实际上比 2×2 工作框架要简单，因为这些工作框架程式化更强，使用场合也基本固定。下面整理一下这些工作框架的种类。

首先是与"定位、步骤"相关的工作框架。

确定优先顺序

本书介绍的 2×2 或 3×3 的工作框架就属于这种类型。这是最实用的工作框架，可以用来整理并展示问题本质或划分消费者群体并关注重要群体，等等。

工作系统

这种工作框架以时间为序，能够清晰地列出项目步骤、工作流程或从提交策划方案到获得顾客信任的过程。不必记述得过于详细，否则会使流程过于复杂，因此一般控制在 4~5 个步骤，最多不要超过 7~8 步，这样整理能够更好地表达内容。

一旦制作出这种工作框架，后期也能够多次使用。并且，因为全局观会马上浮现在脑海中，所以可以迅速替换内容。

相互关联的构成要素

上页左下角的图是以公司人事为例的工作框架。该图说明，为了让领导层承担责任并发挥作用，应该适当确定公司每一个人的责任、权限、能力、评价，并让其具有统合性。当然，除人事之外，还可以应用在"向顾客提供价值的三要素"或"有效经营三要素"等方面。

在列举重要的三或四要素，并想要引起对方注意，获得意见一致时，这种工作框架十分有效。

循序渐进式

这种工作框架与上面提到的"工作系统"有些相似，主要是用于循序渐进达成目标，展现出为了达成某个目标，不断拾级而上，逐步接近的过程。虽然最终结果取决于内容，但毋庸置疑的是这种工作框架能够有效提升团队士气和干劲。

"因果关系"型工作框架

下面说明"因果关系"型的工作框架。

整理提案

下一页的工作框架用图的形式展示了新事业中蕴含的机会和经营资源的制约对于公司发展计划的影响。

虽然这些内容也可以用文字体现出来，但制作成图表的形式能够更加一目了然。以同样的思路，还可以将其运用于其他领域，比如通过分析产品的竞争优势和市场性，来决定开展新事业的方向；或者是体现出组织内部已拥有的能力和与合作企

➡ **工作框架的种类**　"因果关系"型

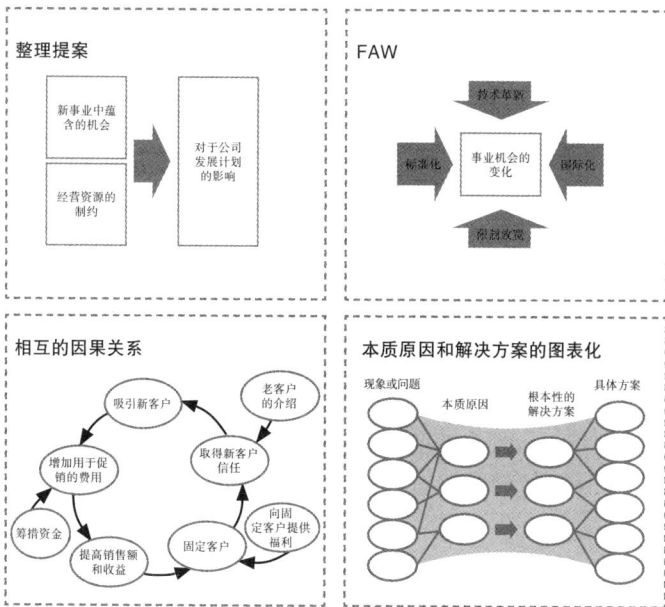

整理提案

新事业中蕴含的机会 / 经营资源的制约 ➡ 对于公司发展计划的影响

FAW

技术革新 / 稀滞化 / 事业机会的变化 / 国际化 / 规则改编

相互的因果关系

吸引新客户 / 老客户的介绍 / 增加用于促销的费用 / 取得新客户信任 / 筹措资金 / 提高销售额和收益 / 固定客户 / 向固定客户提供福利

本质原因和解决方案的图表化

现象或问题 / 本质原因 / 根本性的解决方案 / 具体方案

业的关系对于开展全国业务的意义等。

FAW

　　FAW 即"Forces at Work"（影响要素）的缩写，该工作框架经常会用于实际工作当中。它能够反映出各方面的外力施加的影响，因此常在需要引起注意或商讨具体行动时使用。

　　任何外力都能对事物施加影响，因此 FAW 的应用领域也很广泛。比如将"上司"作为观察对象，那么可以用来分析来自上司的上司、部下、同事、前辈、晚辈、公司内的其他部门的影响；如果将"创业公司"视为观察对象，那么可以分析美国苹果公司更改的协约、AppStore 的经营方针、技术发展，以及竞争对手开发的 App 对其的影响。

相互的因果关系

　　这种工作框架能用图表的形式，清晰地反映出商务或组织上的相互关系，非常方便。以 89 页图为例，从左侧看起，如果筹措资金环节没有问题，用于促销的费用也会增加，如此一来就可以吸引新客户，取得新客户的信任。同时，通过老客户的介绍，也能取得新客户的信任，再与"向固定客户提供福利"相结合，从而使新客户成为固定客户。于是就可以提高销售额和收益，进一步增加用于促销的费用。

这样便完成了一周期的运转。使用这种工作框架的目的在于使相互关系形成循环，并以此来解释整个机制。

类似的工作框架还可以反映良性循环或恶性循环。每一步都往好的方向发展从而形成良性循环。通过这种工作框架，也可以发现在整个机制中的哪一步开始导致了恶性循环，从而趋利避害。

同样，这种工作框架也可以反映出一个组织无法迅速做出决断的原因，以及解决办法。只要开始制作这类工作框架便会激发极大的兴趣，因此希望大家一定要多加练习并尽快掌握这种工作框架。这会成为十分有效的整理和表达的手段。

本质原因和解决方案的图表化

这也是实用性极高的工作框架，希望大家一定要掌握。由前页图可知，该工作框架从左至右被分成了 4 个步骤。

第一步，作为框架的分析对象，列举出 6~8 个现象或问题，并让参与者之间达成意见一致。问题无所谓大小，但一定要罗列所有人关注的问题。

　　第二步，列举出上述现象或问题背后的 3 个"本质原因"。这里需要敏锐的洞察力，不能只停留在第一步中的表面现象，而是要透过现象看本质，发现真正的原因和问题究竟是什么。要做到这一步，前提就是通过《零秒思考》中提到的 A4 纸记笔记，坚持锻炼探究事物本质的能力，并拥有一定的经验和知识。

　　第三步就是根据这些本质原因，提出"根本性的解决方案"。例如，如果本质原因是"能力不足""责任、权力不匹配"或"公司高层参与度不高"的话，根本性的解决方案就应该是"通过培训提升能力并引进外部资源""给予处长结算权"以及"总经理担任项目负责人"。根据情况不同，也会出现根本性的解决对策和表面性的解决对策。对问题本质的认识程度，以及对业务改革的推进程度的不同，会导致对"根本性的解决方案"的看法产生极大差异。

　　第四步就是针对根本性的解决方案，分别提出 2~6 个具体方案。如果根本性的解决方案是"总经理担任项目负责人"的话，具体方案就应该是"总经理直接管理""每月举办报告会""在每月会议中，处长、科长向总经理报告项目进展"或"由总经理办公室助理负责预算管理"，等等。

　　通过这 4 个步骤，可以透过表面问题剖析本质原因，继而迅速提出根本性的解决方案，推进众多具体方案和计划的实施。这也是使用率很高的一种工作框架。可以用这种方式来研究如何提高产品质量，如何应对顾客、客户等问题，从而获得全局观，采取改善措施。这种工作框架也可以在公司内部共享问题意识，以及解决课题方面发挥作用。

第 5 章

践行当机立断、立即行动的要点

【要点 1】尽可能消除迷茫

掌握选项和工作框架，并获得全局观，对于践行当机立断、立即行动十分重要，但仅具备这些能力还不够。虽然全局观是更加本质的因素，但也需要具备一定程度的心理准备和态度。

平时尽可能消除迷茫，是践行当机立断、立即行动的重要因素。如果平时经常犹豫不决，那么无论是在工作中还是在个人生活中，在关键时刻都无法做到当机立断、立即行动。每个人在思考和行动过程中都有自己的习惯，因此是很难立即改变的。

如果平时因为迷茫反而提升了行动与工作的质量，那自然再好不过，但这绝不可能实现。这是因为人们只不过是单纯的犹豫，并不会仔细讨论和比较目前能够采取的措施。人们没有努力让选择更加精准，只是在拖延时间。甚至很有可能因为速度下降而导致工作质量下滑。

即使如此，还有不少人仍然经常感到迷茫，并对此无计可施。你可曾下定决心改变这一现状？是否意识到迷茫本身就是问题所在？或者认为迷茫归咎于自己的性格，但本性难移？是否认为每个人都独一无二，迷茫与否是由自己决定的？是否认为迷茫是自己的长处和特点，无须改变？

的确，作为一个人来说，做自己想做的事本来无可厚非。但是，各位读者想要践行立即行动、当机立断才开始阅读本书，因此我希望大家对"迷茫"有新的看法。

我们要认真采取措施，做到在平时尽可能远离迷茫。哪怕只是有这样的想法，也说明有了很大的进步。

希望大家通过以下的 4 个步骤，在平时尽量做到消除迷茫。只需要用 4 张 A4 纸，快的话 4 分钟就能完成。感兴趣的朋友可以反复练习，思路就会越发清晰。

① 考虑自己在什么事情上会感到迷茫，为何会如此。

② 考虑自己在何时不会迷茫，为何会如此。

③ 考虑自己的一些同事、前辈和朋友为何总能摆脱迷茫，开展行动。

④ 考虑自己今后怎样才能摆脱迷茫。

【要点 2】平时要尽可能迅速作答

践行当机立断、立即行动的第二个要点是日常在面对提问时，要尽可能地迅速作答。迅速作答，就是没有丝毫犹疑，立即给出答案。

如果平时能够做到这一点，工作节奏就会提升，与人的沟通也会变得更加有效率，工作速度也会提高。而且，如果上司能迅速回答，部下也就不再迷茫，整个团队的生产效率和成员之间的交流能力也会提升。口齿清晰也会给对方带来好印象，并且更加牢记沟通的内容。

要做到迅速回答，需要注意以下几个方面。

听取并理解对方的提问和指摘

想要做到这一步，就需要在听取提问和指摘时记笔记。记笔记并不是不适宜的行为，而且这说明你在认真听对方的发言，绝不会给对方留下不好的印象。不过，也不排除有的上司不准部下记笔记，而是要求其记在大脑中，但这种情况非常少见。

或许有人会事先问一下："我是否可以记笔记？"但提出这种问题本身会让人感觉有些做作，对方不禁会想："这样的小事也需要问吗？"也有不少上司会因此而恼火，认为"这些琐碎的事也需要问，就是因为无法做决断，会出现不少问题"。因此不必询问，认真记笔记即可。

记笔记之前也不要说"下面请允许我记笔记"这样的话。这句话看似在请示上级，毕恭毕敬，但本来就没必要请示。而且会让人感觉"我把你说的话都记下来,一旦有问题立刻作为证据提交",令人厌烦。

记笔记并不需要专门的笔记本,使用《零秒思考》中推荐用的 A4 纸即可。但是不要只记 4~6 行,每行 20~30 字,而是应该将 A4 纸横置,在中间画一条竖线,从左侧开始记,尽量紧凑一些。左侧记满后使用右侧,也是从上往下记。笔记量应该是之前《零秒思考》中 A4 纸笔记的几倍。我将其命名为"采访笔记"。可以将其与《零秒思考》的 A4 纸笔记放在相同的文件夹中,整理起来也十分方便。

在详细记录的过程中,也就自然而然地明白了对方想要了解的关键点和真正的含义。大多数问题并不是真正意义上的问题,而是指出你的问题,或是故意刁难,抑或是吸引他人注意的方式,因此要认真记录,冷静地判断对方真正的意图。

此外,在记笔记过程中,要考虑对方的提问和指摘的背景是什么,对方想了解什么,并重点记录在笔记的右侧。

在对方发言即将结束之前决定如何回答

有的会议在一定程度上能够事前预测会遇到怎样的问题,因此要尽量做好准备。具体来说,就是在一张 A4 纸上列出可能会被问到的问题,并分别写出 3 个答案。情况允许的话,还可以与同事和朋友进行模拟练习,适应回答预想的问题这种做法。

在此基础上，可以根据会议的实际情况，适度修改准备好的问题和回答。这样一来，在对方发言即将结束时就可以决定如何回答。在多次进行类似准备之后，内心就会更加从容，也能顺利推进工作。

即便无法做到这一点，也应该在对方发言即将结束时，一边阅读笔记，一边列出 3~4 条回答要点。

对方结束提问后立即回答

立即回答能够展现自己已完全理解问题，获得对方的信赖。大多数提问和指摘与其说是单纯的提问，倒不如说其中包含了许多目的，无法否定其中多少含有一些攻击性，因此立即回答能够抢占先机。

或许有人会认为自己无法做到立刻回答问题，但实际上并非如此。像前文中提到的那样，只需要在对方发言过程中记录几行文字就能够成为充分的准备。大多数提问和指摘时间都很长，一般都在 10~20 秒以上，因此可以一边记录，一边在旁边写下应该如何回答。

如果完全不做准备，在听完对方发言后，仅用几秒钟时间思考该如何回答会十分困难。即便我对此十分习惯，也会尽量避免这种情况的发生。

因为慌乱地思考的话，脑中可能会一片空白。在他人看来，当事人想要努力回答的状态十分紧张，当事人也会感到痛苦。因此不要刻意增加难度，而是应该在对方提问即将结束时决定如何回答，并做适当修改，寻找时机，迅速作答。

当对方追问、指摘时，也要尽量做到立即回答

做到这一点的难度更大。因为追问和指摘的时间通常很短，只有区区几秒钟，所以基本不可能事先准备。

此时只能强迫自己当场回答，但如果做到前三点的话，会让对方感到放心，因此追加的问题也会相对较少。如果能预想到提问会十分尖锐，就要更加认真地做好事前准备。

事实上，当场整理思路并迅速回答绝非易事，因此只能将头脑中已有的想法作为答案。

如果只能将头脑中已有的内容或事先思考的结论作为答案，那我们究竟是选择直接提出，让对方放心；还是选择让对方焦虑地等待答案？这一点不言自明。

从这个意义上说，即使对方追问或指摘时，也应该尽量迅速回答。或许无法立刻做到这一点，但如果拥有这个意识，就能获得大幅进步，请大家一定要积极挑战。如果能做到瞬间回答，也会让他人对你的看法产生巨大的变化。

【要点 3】平时要尽可能提升所有工作的速度

为了践行当机立断、立即行动，就必须在平时努力提升所有工作的速度。如果平常工作速度就十分缓慢，那么当机立断、立即行动是不现实的。

我在《零秒工作》一书中已经详细介绍了提高工作速度的方法，希望大家阅读。从当机立断、立即行动的观点出发，希望大家做到以下 6 点来提升工作速度。

①除了与人接触的工作以外，要相信所有工作的速度都能提升

会见客户或处理投诉等工作时间是十分有意义的，因此不能缩短这些工作的时间。一旦缩短这些工作的时间，反而会弄巧成拙，让对方更为恼火。不仅会耗费更多时间，还会得到不好的评价。

但是，除此之外的所有工作的速度都可以加倍提高。迄今为止，我已与许多专业人士会面，并了解了他们的工作方法。我认为从工作方法来看，工作速度还有很大的提升空间。

例如，许多管理层员工或员工将好几成的工作时间都用于制作资料。他们认为缩短这项工作的时间并非易事，但其实只要统一设定文件格式，比如"最多用两张 A4 纸，字号设置为 12 磅以上"，就可以大幅节省用于制作文件的时间。

　　我在麦肯锡公司工作的 14 年时间里，工作量也在逐年增多，于是不得不提升工作速度。另外，在 2002 年我与合伙人共同创立"Breakthrough Partners"之后，更需要不断调整工作方式来提升工作速度。

　　在那段时间，我明白了原来许多工作的速度都可以成倍提升，也存在无数种提升工作速度的方法。只要选择正确的方式，速度就会不断提升。是否经常注意工作方法，是否具备想要提升工作速度的意识，结果会出现巨大的差异。

②每天用 A4 纸写 10~20 页笔记，整理思路

　　在《零秒思考》中，我介绍了用 A4 纸记笔记来消除迷茫，整理思路。每年我都会举办 40~50 次的演讲，每次演讲中我都会说明这个方法，到目前为止，已经有上千名听众亲身体验了记笔记的效果。学习这种方法不需要交任何费用，并且能立即生效。因此，请没有尝试过的朋友一定要体验一次，也希望现在已不再记笔记的朋友以此为契机，再次开始记笔记。

　　经常整理思路的人不会有压力，也不会在沟通中花费巨大精力，能够以最快的速度获得最好的结果。即便只是减少 1 分钟、1 秒钟的工作时间，就能将生产效率维持在较高水平，从而产生良性循环。

　　这是当机立断、立即行动的大前提。请大家与其他人一起

组成一个团队，在工作岗位上号召所有人都开始记笔记，并养成这种习惯。

③快速回复邮件，绝不积压

有些企业会要求尽量不使用电子邮箱，而是提倡多使用 SNS 或其他聊天软件，但在大多数工作中，电子邮件的重要性不可取代，这一点未曾改变。工作繁忙的人有时可能一天就要收发几十封甚至上百封邮件。会议结束后，打开电脑一看，又增加了许多未读邮件，这样的情况十分常见，因此需要阅览和回复的邮件不经意间就已堆积成山。

许多人对此伤透脑筋，并一直在想办法解决这一问题。而我的建议很简单：快速回复邮件，绝不积压，仅此而已。收发邮件就像血液流动一样，如今已无法使其停止。即便还有其他手段，但邮件依然是主流，所以这是无法回避的问题。一旦没有回复邮件，工作就会立即停滞，问题被搁置，并逐渐恶化，从而也会加速恶性循环。

切断恶性循环，产生良性循环的唯一方法就是，在早起到入睡前，只要使用电脑就检查一下邮箱，迅速回复，这样做才是最轻松的。

从前，我也会经常积压邮件，心情也十分沉重。由于没能及时回复邮件，在不知不觉中问题变得越发严重，或是错过很多宝贵的机会。

之后的几年间我努力快速回复邮件，心情也变得更加轻松。面对问题时也变得更加积极主动，从而产生了良性循环。与其找借口不回邮件，不如认真回复。这是当机立断、立即行动的前提，也是一种训练。

另外，也许有很多人为了整理邮件而在收件箱里设置大量文件夹，但我没有这样做。我只用一个收件箱，不断回复邮件，这样做效率更高。

但是，我会把重要邮件按项目保存在电脑桌面中对应的文件夹，这样就可以在最短的时间内找出许多与该项目相关的重要邮件。我推荐大家也这样做，尤其是把 PPT、PDF、网页 URL 等相关资料放在一个文件夹的情况下。

如果已经积压了几百封邮件应该怎么办呢？可以给自己两个小时独处的时间，一口气读完所有邮件，然后将必须回复的邮件之外的所有邮件都设置成"已读"，之后全部删除。建议这项工作周末在家进行或独自在会议室进行，其间不要与任何人交流，并且要切断网络。随后，用简短的文字一口气回复剩下的几十封邮件。

就像不忍心在已经打扫干净的屋子里丢垃圾一样，清空收件箱里的所有未读邮件以后，你会产生极强的动力来保持这种状态。大家也可以在团队中开展"清空未读邮件大赛"。

④通过联想输入和文件的再利用来提速

提升工作速度的重中之重就是使用电脑输入法中的联想输入。我多年来一直喜欢用叫作 ATOK 的输入法，因为它可以联想几百条词汇和短文，提升打字速度。

最近，谷歌的日语输入法的质量有所提升，可以自动进行记忆联想，深受好评。但我更推荐 ATOK，因为它更加综合，不仅可以联想单词，还可以记忆许多短文、地址、邮箱以及 URL 等内容，能够大幅提升工作速度。联想输入是能够不断被改善的，因此可以选择自己喜欢的输入工具。但如果过分追求输入法，把所有的工具都尝试一遍的话，就是本末倒置了。有很多人没有明白这一点。

选择一个出色的输入工具，获得的效果不只是能够节约几秒钟而已。有许多人在工作中要收发邮件，使用 SNS 或其他聊天工具联络或制作文件，每天都要书写大量的文章。文笔流畅自然求之不得，但包括我在内的大多数人都不是十分擅长写文章。

在这种情况下，如果能有效利用联想输入的话，那么也不会再惧怕写文章，不必再花费时间选择正确的词，工作整体的节奏提升，写文章的速度也会变快。减轻对于写文章的心理负担，回复邮件、短信的速度也会提升，从而产生良性循环。

另外，我会将可能再次使用的 PPT、策划方案、分析案例和邮件等文件全部保存在名为"再利用"的文件夹中，以此来提升工作速度。即便是制作简单的策划方案，利用这些文件的一半内容，也会产生压倒性的速度差距。

⑤减少定期会议的次数和时间

持续性、大幅缩短会议时间是非常重要的。整体来看，日本企业的会议效率较低，存在严重浪费时间的现象，与当机立断、立即行动的理念背道而驰。如果不做出改变，则无法提升工作速度。

我曾参加过许多会议，因此可以断言：几乎所有的会议时间都能缩短一半，并且不会出现任何问题。一小时的会议能够缩短至 30 分钟，90 分钟的会议能够缩短至 45 分钟。这样一来，参会者能够争相发言，发言的人数反而会增加。有一些会议可以合并到一起举办，也有一些会议可以降低次数，还有一些会议原本就没有召开的必要。如果是处于能够决定是否举办会议的职位，那么一定要尝试从今天开始减少会议的次数和时间。

会议的时间对于企业提高生产效率和削减劳务费这两方面都有很大的影响。日本企业的许多会议的时间都用于单纯的信息共享，而不是用于交流讨论、做决定，因此效率极低，并且浪费了大量的时间。在这种情况下想要做到当机立断、立即行动是天方夜谭，因此应该先以改善会议状况为突破口。

⑥尽量避免做不必要的事

越是认真的人，越是想要推进能够为将来做准备的工作。但是，这种价值观是与提升工作速度，甚至与当机立断、立即行动背道而驰的。工作中一定要迅速果断，干脆明确，尽量避免做不必要的工作。

做并不必要的工作会出现一个最大的问题，那就是最应该被优先处理的工作往往会被延后或忽略。延后还好，最致命的是被忽略。渐渐地，个人成长发展就会停滞，在竞争中无法取胜，也不会产生良性循环。

要明确自己真正应该完成的工作。为了做到这一点，可以成立小组，成员之间可以相互说明自己处理事务的优先顺序，并且相互提醒，这样就能够战胜自己的弱点。这是一种非常实用的方法，希望大家能够积极尝试。

【要点 4】不断推动 PDCA 循环，积累经验

要实现当机立断、立即行动，就必须提高学习能力，这是因为这项挑战的难度很高。因此，不断推动 PDCA 循环，不断

积累技能和方法是一大前提。只要推动 PDCA，就能不断成长。之前无法做到的事也能慢慢被掌握，甚至迅速完成。

一旦开始 PDCA 循环，能够逐渐掌握先前无法做到的事，心情会格外舒畅，这就是 PDCA 的好处。从某个时间节点开始，即使没有刻意去做，PDCA 也能够自动运转。为了实现这一状态，我们要做到以下几步。

①要时常关注 PDCA，在截止日前尽量推动一次完整循环

推动 PDCA 循环会受益匪浅，这一点毫无疑问。但是，现实中有许多人由于工作速度缓慢，难以在截止日之前完成一次循环，于是无法提升工作质量，也无法提升工作技能。因此，我们应该下定决心，想方设法推动循环。例如，可以从截止日向前推算，确定 PDCA 循环的各个阶段到何时结束，从而从容地推进工作。

②了解 PDCA 循环何时运行顺畅，何时会遇到阻碍

无论怎样努力，也会遇到 PDCA 循环运行不顺畅的状况。这时，我们要冷静地评价并总结规律，了解循环何时会遇到阻碍，找出原因。

在这个过程中会有许多新发现。例如，在没有经验的领域，

把过多的时间都用在了 P（计划）阶段；或是正因为没有经验，所以必须进行实践，但终究无法下定决心；又或是推动循环的过程中难以把握实际情况，导致纠正方向时也遭遇失败。在总结原因的过程中，能够积累顺畅推动循环运转的技巧。

③习惯后，努力在期限内推动两次完整循环

进一步熟悉 PDCA 后，就能做到在期限内推动两次完整循环，也就是迅速实践并及时更正，然后再次实践、再次更正。虽然无法做到每次都在期限内推动两次完整循环，但这种做法非常适合以低成本开发商品，以及开发新事业，所以请大家一定要积极挑战。

④获得进一步加快 PDCA 循环速度的感觉

在一定程度上熟悉 PDCA 之后，就应该挑战更高的目标，那就是进一步加快 PDCA 循环的速度。不仅要提高每一项工作的速度，还要让 PDCA 循环本身加速运转。就像汽车在高速公路上高速前行时，踩下油门，持续加速。

达到这一水平之后，就不会再因为赶不上工作速度而气喘吁吁，此时提升速度变得异常轻松。获得这种"再次加速"的感觉之后，个人成长的速度也会加快，如虎添翼。

【要点5】不断努力创造良性循环

　　良性循环是指自己想实现的目标获得了许多利好因素的推动，从而能更简单、扎实地推进。人们往往认为良性循环是"并非自己创造的、自然而然会出现的"。

　　但是我认为，通过合理布局和有意识地创造有利条件，可以获得良性循环。良性循环并不仅仅是幸运的产物，而是可以通过自己的准备，不断取得成果。为此，我认为现阶段必须做到以下几点。

①确定想实现的目标

　　首先要确定一旦实现会使自己非常开心的目标。比如获得项目、与高级别企业建立合作、在活动中演讲，等等。目标也分种类，也存在只需要一个人拼命努力就能实现的目标，如"通过国家级考试"等；也有需要与许多人建立联系，需要产生良性循环的目标。在这里，后者更适合作为目标。

　　例如，一家创业公司拥有一项独创的无人机控制技术，但企业知名度不足。于是，该企业的目标就是在众多竞争中脱颖而出，与目标大企业进行合作，获得梦寐以求的项目。

②为了达成目标，要考虑最理想的情况

为了达成目标，要考虑怎样才是最理想的情况，思考实现目标的关键步骤。

在前文的案例中，为了达成目标，必须要以某种形式获得对于独创技术的权威认可，引起目标大企业负责人的关注。如果能在业内最重要的活动上演讲或获得美国方面的投资，那一定会迅速引起业内关注。

③从目标倒推前期工作，并实践

这家公司为了获得在重要的活动上演讲的机会，就必须克服一些困难。首先要积极利用公司的官方博客，宣传独创技术。只要一周发两次博客，几个月之后就基本会被业内有名的博主发现，得到定期投稿的机会。如果能在这个平台上继续发布广受好评的文章，就能接受业内相关杂志的采访，之后就能获得在主要活动上演讲的机会。如果演讲质量较高，得到赞誉，那么最终会得到在最重要活动上做演讲的邀约。

只要付出一定程度的努力，将会有很高的概率完成上述过程。努力"播种"，就能收获良性循环。当然，良性循环与只是等待好运降临有本质上的区别。因为这家企业的技术本身具有独特的价值，并有意识地开展宣传工作，所以才会获得成功。

④为了不断创造良性循环而坚持"播种"

我之前并没有过多地关注良性循环。当然听说过这个词，但只觉得是"并非自己创造、自然而然会出现"的事情。

但不知从何时起，我突然发现只要有意识地创造良性循环，并为此"播种"，创造条件，是可以产生良性循环的。于是我抱着这样的想法工作，结果在很多项目中都获得了良性循环，并且成功的概率很高。当然，并不是付出努力就能百分百创造良性循环，但只要坚持在一些地方"播种"，就能够收获一些良性循环。因此，我现在仍坚信"播种"具有很重要的意义。

【要点6】不断努力保持旺盛斗志

为了实现当机立断、立即行动的目标，就必须具备强大的意志力。如果轻率浮躁或者三心二意，是很难实现目标的。但这并不意味着只有一部分人才能达成目标。

我相信在大家周围总有一些人能一直保持昂扬斗志。这样的人并非天生就具备这样的干劲，而是为了保持干劲坚持努力。例如，有人定期做一些其他的事情来转换心情或努力保持身体状况等，每个人都为了保持最佳状态而竭尽全力。

为了保持充足的干劲，我建议大家做到以下几点。

①了解自己在何时能保持干劲

每个人能够保持干劲的状况和环境都不尽相同。我们应该整理并总结能够激发干劲的状况、能够维持充足的干劲的状况、会大幅削减干劲的状况。越是能够正确把握这些信息，就越能够做出维持干劲的行动。

我经常能够保持充足的干劲，我为自己拥有这样的性格而感到幸运。除此之外，我也在为保持干劲而付出各种努力，比如无论多忙，每个周日晚上我都会去打网球，以此来全力消除阻碍干劲的要素。

②如何维持这种状况，建立具体对策

如何维持能够激发充足的干劲的状况，是由自己的兴趣、价值观、生活来决定的。缓解压力十分重要，因此我们应该找到自己的爱好，维持舒适的生活方式，如可以去 KTV 或俱乐部、爬山、烹饪、品尝各地美食、游泳、听音乐会、旅行等。

我在麦肯锡公司任职时，曾在韩国从事经营改革工作。每周一早上我都会赶赴首尔，周五晚上做最后一班飞机回到日本，一直持续了 10 年这样的生活。一开始我每两周才回一次日本，不回日本的周末我几乎无事可做，只能去饭店吃饭，十分无聊。从第二周的周一开始就总在盼望周五早些来临，身心俱疲。

于是，我决定即使麻烦些也要每周回国，从此找到了合适的生活节奏。就这样，10年里我一直保持着充足的干劲，帮助韩国企业进行经营改革。虽然交通费稍微高昂，但对于客户公司来说，这与我10年间全力进行事业改革所带来的益处是无可比拟的。

③定期与干劲充足的朋友、前辈见面，获得激励

定期与干劲充足的朋友、前辈见面，获得激励也十分重要。在朋友、前辈中，肯定有人总能经常保持充足的干劲，因此可以创造机会与他们见面，汲取他们的能量。可以将其中的几位设定为榜样，每个月一次或每两个月一次与他们共进晚餐，从而获得激励。

【要点 7】不断思考总经理会如何处理自己的工作

要做到当机立断、立即行动，不仅要在自己的工作中融入全局观思想，还要以尽可能高的视角来审视工作。如果能做到俯瞰全局，就能立即了解应该做什么、何处有风险、应该与谁合作、竞争对手有何动向等，从而更加接近当机立断、立即行动的目标。

　　下面是面向并非总经理的大部分读者的具体建议：如果总经理处理自己现在的工作，他会怎样做？

　　我曾见过很多公司的职员、科长、处长，但大家几乎都没有从总经理的视角来考虑问题，也无法决定优先顺序并推进工作。反而，几乎都是以自己的视角在处理事务，并且有"不知道总经理在想什么"这样的不满情绪。

　　然而，这样无法真正地建立全局观。希望大家能够抬高视线，思考如果是总经理在处理自己目前正在推进的工作的话，会做出怎样的行动。然后，要将这种视角与之前自己的视角相比较，如此一来，处理事务的先后顺序会截然不同。

　　如果只是认为"反正自己还不是总经理"或"有些事只有高层才知道"，那么就会永远被自己的视角束缚。即便是大企业，也只有一个总经理，重任在肩。如果能理解这一点，并从整体出发看待个别业务，就不会单纯地认为总经理一无所知，而是其能够以客观的视角采取行动。

【要点 8】平时牢记"当机立断、立即行动"，并不断实践

　　到目前为止，给大家介绍了一些当机立断、立即行动的实践要点，但可能有人还是会感觉难以立即采取行动。这时，更实际的做法是根据以下 3 个步骤不断积累实践经验，并逐渐扩

大范围。

①能够独自完成的事要当机立断、立即执行

自己能够独自完成的事不必与他人商议，因此可以首先尝试在这些事上做到当机立断、立即行动，即使在这些小事上失败也不会有太大损失。比如午餐吃什么、周末去哪里、如何调整工作日程安排，等等。

先从这些微不足道的小事上开始尝试当机立断、立即行动，逐渐提升能力。也可以每次都记录通过当机立断、立即行动获得了哪些好处、哪些坏处，接下来应该怎样做等内容。在这个过程中，我们可以清晰地认识到成功要素。

不断重复以上过程，我们就能够掌握当机立断、立即行动的诀窍，以及做怎样的准备才能不在意结果。

②在团队中逐渐扩大当机立断、立即行动的范围

要做到当机立断、立即行动，就必须要在平时结交同伴，让更多的人参与进来。只有一支齐心协力、行动力较高的团队才能胜任大型工作。

行动力较高的团队是指成员能够领会领导的精神，并且由为了达成目标能够当机立断、立即执行的成员组成。领导应该

向每名成员说明未来愿景和各自具体负责的事项，并树立榜样，与成员们相互信任，顺畅沟通，领导团队团结一致，获取巨大的成功。

希望大家根据以下的步骤建立团队。

1. 管理日常注重工作速度的团队

2. 团队协作必不可少，因此在平时要保证团队内部交流无障碍

3. 要消除无法做到当机立断、立即行动的成员们的心理障碍

4. 在团队中要积累并共享当机立断、立即行动的相关技能

5. 有意识地让团队体验小的成功的经历，并逐步扩大范围

③积累当机立断、立即行动的技能，并作为整个组织的行动规范

只有掌握足够的技能，接受充分的训练，整个组织才能做到当机立断、立即行动，并不断获得新的成果。做到这一点需要让更多的成员在个人层面上做到当机立断、立即行动，并带动尚未拥有全局观的其他成员。让更多的团队能够做到当机立断、立即行动，使他们成为其他团队的榜样，并产生积极影响。不断重复这样的过程，就能提高整个组织的速度。

为此，要详细记录先进个人及团队的成功经验，使之成

为规范，有必要在整个组织中共享当机立断、立即行动的相关技能。

除规范化之外，召开"当机立断、立即行动经验共享会"也是十分有效的。

会议可以每月召开一次。先进的个人和团队可以总结成功经验、技能以及它们对其他团队的意义，并记录在两张A4纸上，进行5分钟左右的演讲。接下来其他团队可以踊跃提问。如果上司过于一本正经或独断专行的话，下属就不敢提问题，因此上司的作用至关重要。

此外，提问者要不断提问，直到彻底理解为止，这样能够让问答环节的气氛活跃起来。如果一个人接连问3个问题，就会极大提升对问题的理解程度。

建议用5分钟演讲，15分钟进行问答，每次以3人为一组进行演讲，这样不仅内容充实，还能有效共享经验和技术。

第 6 章

当机立断、立即行动的风险和关键点

当机立断、立即行动的风险

到目前为止，我已经介绍了许多关于当机立断、立即行动的益处。然而，这其中并非毫无风险。想要做到当机立断、立即执行，就必须要事先把握可以预见的风险。

盲目追求速度会导致工作质量下降

在刚开始践行当机立断、立即行动时，有些失误是无法避免的。然而，即使按照正常方式推进工作，也无法保证没有任何失误，不应过于在意失误。比起失误，提高工作速度的好处更加明显，因此一开始只能在提升速度过程中尽量减少失误，才能够避免被他人指摘。

当机立断、立即行动的本质是消除犹豫、逡巡、迷茫等降低速度的因素，但绝不能因此牺牲工作质量。自己和团队其他成员都要明确意识到这一点，注意不要过犹不及。

通过当机立断、立即行动，加快 PDCA 的循环速度，增加循环周期，不仅能够提升工作质量，还能够减少失误。因此，我们必须充满自信地实践当机立断、立即执行，并避免被难以适应、难以接受当机立断的人指出成果有所下降。从这一点来看，必须要更加注重工作成果和工作质量。

有些成员缺乏思考，试图用蛮力解决问题

在一定程度上普及当机立断、立即行动后，团队中想法单纯，总是横冲直撞、带来麻烦的成员可能会误以为"自己的工作方法更好"，因此其行动会更加鲁莽。

这种想法是彻头彻尾的误解。虽然对方也许是出于好意，但这会给当机立断、立即执行的坚定推行者带来麻烦，也是一种初期的不良要素。

这类人原本不会听他人的劝说，经常按照自己的方式理解事物，处理工作时过于草率。对此，要以通俗易懂的表达方式向其说明当机立断、立即行动的真正意义和必要准备，告诫他提升速度绝不是忽视质量，随意完成工作。我们持续传达一味追求速度和当机立断、立即行动是截然不同的两件事。

只是传达这些内容还不够。为了敦促他们平时采取更加适当的行动，应该建立加强掌握问题和解决能力的体系，提升他们的工作技能。如果只是做表面工夫，一旦失败，立即停止当机立断、立即行动这样的做法是得不偿失的。虽然会花费大量

的时间和精力，但我们应该清楚地认识到为了推进意识与行动改革，这是必须付出的代价。

有的成员会因跟不上速度而抱怨

在这个问题上，总经理或上司需要倾听部下的声音，成为他们坚强的后盾。对于总经理或上司来说，如果当机立断、立即执行的思想在公司内部得到普及，会有绝大的益处。如果部下能够摆脱迷茫，积极果断地采取行动，上司一定会感到非常喜悦。

因此，我们应当向总经理或上司耐心说明如何践行当机立断、立即执行，如何规避风险，如何快速推动 PDCA 循环，以及为何当机立断、立即行动能够带来好结果等事项，从而得到他们的理解。这也是坚守自身立场的必要步骤。

另外，周围经常会有一些人因为跟不上当机立断、立即行动的速度而抱怨或给团队整体带来不良影响。为了避免这些现象，要向其他部门、其他成员详细说明以下情况：

◎　为何如此注重速度

◎　为何能够快速推进工作

◎　为何在快速推进工作的同时，保证工作质量

◎　在快速推进工作时会有怎样的风险，以及如何应对

◎　通过当机立断、立即行动，如何提高今后的工作质量

但是，只是说明还远远不够，还应该不断提出建议，直到他们也能够提高速度，做到当机立断、立即执行。这是十分有效的解决对策。

这些人并不只是单纯的羡慕，看到获得的成果，许多人也想尝试当机立断、立即执行。不要过于激进，居高临下地指导他人，而是应该耐心地指导。指导时不要只是口头说明，而是应该用实际行动展示怎样做。对于有抵触感的人，应该给他们展示真实的案例。像这样，循序渐进地带动所有人提升技能。

并且，不仅在公司内部，在公司外部也很有可能遭到中伤或掣肘。

因此，也要积极推进当机立断、立即执行相关的宣传、公关活动。虽然这样做会有向竞争对手泄露经验的风险，但无疑能够给客户留下好印象。

当机立断、立即执行是一种新的经营管理手法，它可以迅速推进业务，从而以更低廉的价格提供更优质的服务。

或许无法阻止没有下定决心践行当机立断、立即行动的人发表过于主观的言论，但还是希望大家积极地开展宣传，普及正确认识，让越来越多的人践行当机立断、立即行动。

何时难以做到当机立断、立即执行

有些时候确实难以做到当机立断、立即执行。但是，在大多数情况下，都可以迅速应对，或是立即得出自己的答案。下面我将详细说明这一点。

对某个领域一无所知时（可以请教他人）

我经常有意识地当机立断、立即行动，但对某领域一无所知时，也会不知所措。如果对某件事一窍不通，感到前景尚不明朗时，肯定会犹豫不决。由于没有全局观，无法迅速展开行动，因此不得不小心谨慎。

但是，此时可以立即寻找这个领域的专业人士，认真请教，快速获取相关知识。如果有朋友了解相关领域，可以直接询问；如果不认识这方面的专业人士，可以通过 SNS 等途径寻找相关人士或拜托朋友介绍，从而迅速把握整体信息。

当然，不做任何准备是不可能获得这些人脉的。因此在平时就要从多方面培养人脉，结交无话不谈的知心朋友。比如可以花大量时间参加企业、专家云集的演讲、学习会等各项活动，并积极结识相关人士等。

具体来讲，尽可能地列举自己应该了解的领域，以及今后也许会成为重点的领域，努力结识这方面的专业人士，就像根据领域填空一样。比如在一场会议中遇到了想要结识的人，为了了解此人的知识和经验，可以与其进行简短而深入的交谈。然后，在当天就发出寒暄的邮件，邀请其参加会议。这样就有一定概率正式见面交流。

即便对于刚踏入社会、经验不足的年轻人而言，这也是一种非常有效的培养人脉的方法。因此不要妄自菲薄，而要积极地采取行动。为了自己的成长，只要在平日勤勉努力，就一定能够遇到仔细传授自己知识的人。这是因为你的坚强、认真和努力打动了他的内心。问题不在于对方，而在于自己的不自信。

《零秒工作》一书中详细介绍了建立人脉网和收集信息的具体方法。大家可以阅读这本书，加深理解。

不必立即做出决定时（但要迅速做出结论）

有些工作不必立即做出决定。在宣传工作中，现行方案获得怎样的反馈，会极大地影响下一步计划，因此往往不需要立即做出决定。

但即便在这样的情况中，我经常会先得出自己的结论。换句话说，我经常会进行假设思考。不要持有这是接下来的事情，现在不必做出决定，也不必考虑这样的想法，而是应该设定大概的目标。

事先思考并没有害处，并且更易于创造良性循环。因为时间宽裕，所以内心更为从容，往往能够获得崭新的创意。因此，我很享受在不必立即做出决定的情况下，先做出自己的结论。就像在暑假的最后两天才完成作业肯定会很痛苦，因此要尽可能在假期刚开始时就完成作业。

不止如此，如果能在工作开展初期就进行大致的思考，并使之成为习惯，这样既不会成为负担，也能够享受工作本身。

涉及人员较多，利害关系复杂时（但要有自己的结论）

当涉及人员较多，利害关系较复杂时，难以做到当机立断、立即行动，因此应当谨慎行事。这里说的"复杂"指的是涉及几十个人以上，并且无法面对面交流的情况。这时，如果一着儿不慎，来自各个方面的责备就会如狂风暴雨般袭来，比如"应该事前彻底沟通""根本没接到通知""是谁允许这样做的"或者"日本并没有这种做法的先例"，等等。

这类人丝毫没有考虑自己行动迟缓会给公司造成怎样的损失。并且，他们见到迅速行动并取得成果的人会感到不安，因此时时掣肘。遗憾的是，世间上这种人占大多数。

如果无视这些人而擅自行动，会给自己树敌。虽然平常关系并不是很好，但在这种时刻他们一定会合力排除异己。

因此，在利害关系较复杂时，即便已经得出了自己的结论，也要谨慎行事。应该时刻关注其他人的反应，循序渐进，使其无法提出反对意见。或者是表面迎合，实际却按照自己的方式行事。有时也必须采取这种成熟、务实的方法。

判断失误可能造成无法挽回的损失时（要格外慎重，但要有自己的预想）

一旦判断失误就可能造成无法挽回的损失时，当机立断、立即行动的风险极高，必须要谨慎行事。但是，在这种情况下，也要有完整的预想。

预想包括三种情况：

◎ 最有可能发生的情况

◎ 好的情况

◎ 不好的情况

关于"预想"，我们经常听到"最好的情况""最差的情况"或是"悲观的情况"。在这里说明一下为何不使用这些词。

"最好的情况"这个词的问题在于在很多情况下无法决定最好的标准，而且会感觉目标高不可攀，容易产生"反正也无法实现"的心理。

"最差的情况"的问题在于"最差"这个词太过生硬。在工作进展不顺利时，无法划定"最差"的界限，从而变成煽动的言辞。

"悲观的情况"这个词的问题在于难以把握悲观的具体时间点。如果说一开始就悲观会有些莫名其妙；如果随着状况变差而越发悲观，也难以把握关键节点。

与之相比，"最有可能发生的情况""好的情况""不好的情况"这种表达方式更为合适，在预想时也能够减少偏差。

如何规避当机立断、立即执行的风险

我们要在活用当机立断、立即行动的优势的同时，规避可预见的风险。最后，总结一下为此能够做到的相关准备工作。

平时要有体系地收集相关领域的信息

为了践行当机立断、立即行动，要在平日做好各项准备。如果对相关领域一无所知，任何人也无法迈出第一步。贸然行事，会经常陷入十分危险的境地。这与不惧风险、勇敢挑战的精神截然相反。

为了避免上述情况的发生，除了自己的专业领域之外，要在平时尽可能多地、有体系地收集相关领域的信息，从而获取相关知识，这一点极为重要。

如果你的专业领域是活动策划的话，那么相关领域会包含许多内容。比如"奥运相关""中国人的购物热潮、造访日本的外国游客数量大幅增加""艺术家访日""与活动相关的数字市场""通过手机软件办理入住和支付的系统"，等等。

关键在于准确判断出"相关领域的范围"。如果范围太广，会耗费太多时间，于是无法从事信息收集以外的重要工作；而范围过窄，会遗漏重要信息，相关领域的范围太过狭窄也会导致故步自封。

在平时要掌握最低程度的信息，一旦情况有变，要立即做出应对，大量收集相关领域的最新信息，有效利用时间。

我们应该在早晚各拿出 30 分钟的时间用于收集信息，我在《零秒工作》一书中也详细说明过这一点。这样既不会影响白天的工作；又能获得必要信息，保持对信息的敏锐度。这是拼尽全力，也就是当机立断、立即行动的基础。

遇到需要当机立断、立即执行的情况，要迅速收集信息

我们来看一下遇到突发状况，需要迅速做出新的判断的案例。

和前文的案例相同。如果你的专业领域是活动策划，那么相关领域就包括"奥运相关""中国人的购物热潮、造访日本的

外国游客数量大幅增加""艺术家访日""与活动相关的数字市场""通过手机软件办理入住和支持的系统",等等。然而,突然某天接到一家公司发出"共同举办文艺复兴时期的法国绘画展"的邀请,而艺术是你之前完全没有接触过的领域。

你在这个领域既没有成果,也没有人脉。此时,你要迅速做出判断:能否通过合适的宣传活动来吸引顾客?从收益角度考虑,是否应该接受邀请?是否应该以此为契机开拓新的领域?如果该公司在上午 10 点向你发出邀请,从当机立断、立即行动的观点来考虑,应该采取怎样的行动?

此时,应该立即向有可能了解该领域的 10 个人发送邮件或者打电话直接询问。邀请最了解该领域的朋友或熟人在当天共进午餐,通过当面交流收集信息。如果没有合适人选,就只好向别人打听或拜托广告公司的熟人介绍。

即便无法与其共进午餐,也可以与其约定会面时间,比如在下午会面。在午餐、会议结束后,回到办公室再次检查邮箱,迅速回复。朋友们或许向你介绍了一些相关人士,要立即与之取得联系,并阅读收到的信息和资料。根据新得到的信息和介绍,在当天下午、晚餐或更晚的时间与其会面。

按照这样的速度推进,就算是上午 10 点才接到邀请,那么晚上之前也能获得充足的信息,从而判断是否接受邀请,接受的话向对方提出怎样的条件,并确定谈判的要点和能做出的妥协,等等。

用选项立项、评价，用工作框架整理

在获得了基本信息之后，应该以此为基础，列出所有可能的选项。以刚才的"共同举办文艺复兴时期的法国绘画展"为例，可以通过选项整理出 4 个选项：

◎ 共同举办画展

◎ 再邀请 1~2 家公司共同举办

◎ 以此为契机争取单独举办画展

◎ 拒绝邀请

然后再确定评价标准，评估每个选项。评价标准包括：对收益的好处、对今后事业发展的好处、对已有事业的负担、资金风险、运营风险等。

确定"共同举办画展"之后，要继续使用选项，深入分析，列出选项，决定自己公司负责的工作。

◎ 只负责线上宣传

◎ 负责所有渠道的宣传

◎ 只负责会场建设和运营

◎ 参与宣传、会场建设、运营、出资等所有工作

◎ 只参与项目销售、出资等工作

可以将这些选项再按照前面的对收益的好处、对今后事业发展的好处、对已有事业的负担、资金风险、运营风险等标准进行评价，也可以稍微调整评价标准。

像这样，有体系地列举出所有可能实施的选项，并认真进行评估，就能够以全局观思想从事工作。

除此之外，还可以通过工作框架，锁定对法国绘画展最感兴趣的群体或按照消费者的年龄、兴趣爱好、职业、性别等进行划分，确定各群体的大致人数，从而商定宣传方式。

在数字市场领域也可以使用工作框架，确定如何使用 Facebook、推特、Instagram、LINE 等社交网络开展宣传活动。坐标轴可以划分为"宣传效果"和"宣传费用"，从而确定开展何种宣传活动。

当然，为了践行当机立断、立即行动，平常需要优先考虑选项。养成使用 2×2 工作框架的习惯也是当机立断、立即行动的前提。

经常考虑并准备备用方案

为了规避风险，要经常考虑并准备备用方案。没有人能够保证 100% 不会出现意外情况。

在上文的案例中，如果负责"法国绘画展"的宣传工作，就必须使用博客、电子杂志、Facebook 主页、Facebook 群聊、Twitter、Instagram、LINE 等工具，在 Facebook、Twitter、LINE 和 Google AdWords 上打广告，从而进行数字化推广。如果费用合适，也会考虑传统的广告模式，比如将在报纸、杂志上或地铁、车站中刊登广告。

除此之外，还要接触拥有大量用户的社群（如艺术、设计、法国、法国菜、文化、欧洲、时尚等）领导者，一旦宣传工作进展不顺利，可以委托这类人在各自领域宣传。这就是所谓的备用方案。

另外，如果宣传工作不顺利，可以通过广告公司，利用他们的传媒网络宣传。

如果仍然无法吸引消费者，就要准备"邀请好友可获得半价优惠"等其他宣传活动方案。当然这是最坏的情况。

平时要选拔并培养人数较少且能迅速行动的团队

为了做到当机立断、立即行动，必须要培养能够听从指挥、人数较少且能迅速行动的团队。即便立即做出决定，但后期完成目标所需的时间过长，也是毫无意义的。此时，必须在平时选拔工作速度极快的成员，并重点培养，使其积累实战经验。这个团队就是当机立断、立即行动的"机动部队"。

"工作速度极快"指的是比普通人的工作速度快好几倍。我在《零秒工作》一书中也提到过，可以采取各种方法不断提升工作速度。"机动部队"的成员可以将制作资料的速度提高好几倍，也能摒弃冗长的会议，只商讨 15~30 分钟就能迅速提出方案，达成一致，并开始执行自己负责的工作。

为此，领导必须掌握上文中提到的能力，并向成员们做出示范。有了领导的示范和指导，成员们的工作速度也会不断提升。在这个过程中，不仅要督促成员提升速度，还要认真指出其工作中无用和效率低的部分，并协助他们改善现状。

在日本的企业，不会为提升工作速度而付出努力，更不会指导员工。但如果领导的头脑明晰，认真对待指导工作，就一定能培育出一支独一无二的团队。

这样的团队能承担协助推进当机立断、立即行动的任务。每一个部门都有许多急需解决的问题，而"机动部队"的成员能够从当机立断、立即行动需求最强烈且最重要的问题开始处理。如果一家公司的各个部门都建立了这样的团队，则能够建立起不断获取成果的组织。

做到当机立断、立即行动，改变人生

虽然想践行当机立断、立即行动，但一开始肯定都会感到不知所措。这是因为当机立断、立即行动与之前推进工作的方式截然不同。花大量时间收集、分析信息，在迷茫中整理资料，并讨论、调查，三天后再开会……这并不是寻常的工作方式。

但是，为了做到当机立断、立即行动，就必须要从根本上改变常规的工作方式。我们要改变杂乱的工作方式和一味求快的心态，以及原来的工作方法中过于浪费、仔细、谨慎的部分。

实际上，即便开始践行当机立断、立即行动时遇到了意料之外的状况，也不必太过担心。因为会有备用方案，还可以在必要时做适当调整，力挽狂澜。希望大家能够下定决心实践当机立断、立即行动。

下定决心开始践行之后，我们会发现当机立断、立即行动出人意料地简单，因为我们初期行动迅速，还能通过选项和工作框架进行立项、评价和总结，而且拥有与之紧密相关的全局观。

在不断重复当机立断、立即行动的过程中，它会逐渐成为你的本能，成为无意识的行为。从此你不会再有急躁的情绪。能够在平时收集必要的信息，在必要时立即收集新的信息，并通过信息迅速做出判断，之后立即采取行动。在这个模式中，全身心都在全速运转。

此时，团队中的其他成员或部下也会逐渐适应这个模式，用相同的速度开始行动。团队整体的效率也会大幅提升。

当机立断、立即行动并没有界限。只要彻底做好事前的准备、收集信息，逐渐明确判断的标准，就能够自然地提升速度。原本需要花费1个半小时的会议就能够在1小时，甚至是半小时内结束。只需要在早上花费10分钟的时间讨论，随后成员便会各自采取相应的行动，瞬间开始推动工作。

当自己和周围的人都适应当机立断、立即行动这种方式后，才能够将其称之为一个团队。

在习惯当机立断、立即行动之后，看到的景色将会出现巨大的改变。在平时能做到用全局观看问题，看清未来，收集必要信息之后，就能在电光石火间应对突如其来的变化。

只做有意义的商讨，就能够远离毫无意义的犹豫和逡巡，因为那只会浪费时间，有百害而无一利。做到这些之后，你甚至会有在慢镜头中自由穿梭的感觉，就像棒球运动员击出本垒打之后，被击飞的球看起来仿佛是静止的一样。

在践行当机立断、立即行动之前，会感觉前方是彻底黑暗且遥不可测的道路，或是感到过于复杂，但这样的景色会出现巨大的变化。

希望大家看待问题时具有全局观，践行当机立断、立即行动，看到与以往完全不同的景色。

当机立断、立即行动一定能创造出良性循环

当机立断、立即行动还有一大优势。

那就是第 5 章提到的"良性循环"。所谓良性循环，就是自己想实现的目标获得了许多利好因素的推动，从而能更简单、扎实地推进。通过前期布局创造良性循环，引来强劲东风，从而实现目标。这不是简单的因果关系，而是"广泛播种""先发制人""有意识地创造利好因素"。由此就能够产生更积极的良性循环。

例如，在正式开展项目之前的阶段，可以有意识地推动预备项目的发展。积累这些经验，也能够顺利推进正式项目，周围也能聚集大量值得信赖的伙伴。由于聚集了伙伴，便能够更加顺利地推进项目。

请来一位有能力的工程师之后，就能够聚集一群同样优秀的工程师。结果，不仅能够成功开发应用软件，也能够结识更多的人才。

实际上，为了创造前文中提及的良性循环，需要保证工作速度，并且能够毫不犹豫地做出判断。产生良性循环后，更容易做到当机立断、立即行动，而做到当机立断、立即行动之后，就能创造出更大的良性循环。

＊　＊　＊

非常感谢大家读完本书。

希望大家将感想或问题发送到我的邮箱（akaba@b-t-partners.com），我会在第一时间回复。

另外，我在 Facebook 群聊中创建了本书的读者群。欢迎大家搜索并加入“《零秒思考 行动篇》讨论群”。

出版后记

在工作中，不知道该从哪些环节开始下手。即便知道应该立即推进一些工作，却总是犹豫不决，迟迟无法着手去做。有的时候，甚至会强迫自己不断收集信息，想要所有事前准备工作都做到万无一失再开始行动。

上述的情况在实际的工作中想必很常见，但其实很多时候，这样做或许只是在逃避工作。能够深思熟虑，并顺利解决问题固然很好，但优柔寡断反而会错失良机。

本书作者赤羽雄二，曾在麦肯锡工作 14 年，参与了企业的经营改革，深知员工的工作速度和工作效率会在很大程度上左右一个公司的未来，所以非常重视自己和下属当机立断、立即行动的做法。

本书中作者列举了阻碍当机立断、立即行动的几个主要因素，并结合作者个人的多年经验提出了有助于做到当机立断、立即行动的两大工具——选项和工作框架。迅速列举当前需要完成的工作，决定工作的重要程度以及优先顺序，能够将工作的速度提升至之前的几倍，从而面对任何工作都能够做到重拳出击，一击即中。

并且，本书作者认为只要做到当机立断、立即行动，工作就会进入一个良性循环，不断建立并扩大这种良性循环，在工作中取得的成就也会越来越辉煌。希望各位读者能够通过使用本书中介绍的方法，不断提升工作速度、工作效率，在工作中创造更多的成果。

服务热线：133-6631-2326　188-1142-1266

服务信箱：reader@hinabook.com

后浪出版公司

2021 年 3 月 15 日

图书在版编目（CIP）数据

麦肯锡零秒执行力 / （日）赤羽雄二著；侯昭康译 — .
广州：广东旅游出版社，2021.6
ISBN 978-7-5570-2482-6

Ⅰ.①麦… Ⅱ.①赤… ②侯… Ⅲ.①企业管理
Ⅳ.① F272

中国版本图书馆 CIP 数据核字 (2021) 第 094295 号

ZERO BYO SHIKO(KODOHEN)
by YUJI AKABA
Copyright ©2016 YUJI AKABA
Chinese (in simplified character only) translation copyright © 2021 by Ginkgo
(Beijing)Book Co.,Ltd.
All rights reserved.
Oringinal Japanese language edition published by Diamond,Inc.
Chinese (in simplified character only) translation rights arranged with Diamond,Inc.
through BARDON-CHINESE MEDIA AGENCY.

本中文简体版版权归属于银杏树下（北京）图书有限责任公司
著作权合同登记号：图字 19-2021-093

出 版 人：刘志松　　　　　　　　　选题策划：后浪出版公司
著　 者：[日]赤羽雄二　　　　　　译　 者：侯昭康
出版统筹：吴兴元　　　　　　　　　编辑统筹：王　顿
责任编辑：方银萍　蔡　筠　　　　　特约编辑：李雪梅
责任校对：李瑞苑　　　　　　　　　责任技编：冼志良
营销推广：ONEBOOK　　　　　　　装帧设计：墨白空间

麦肯锡零秒执行力
MAIKENXI LINGMIAO ZHIXINGLI

广东旅游出版社出版发行
（广州市荔湾区沙面北街71号首、二层）
邮编：510130
印刷：北京天宇万达印刷有限公司　　开本：889毫米×1194毫米　　32开
字数：105千字　　　　　　　　　　印张：5
版次：2021年6月第1版第1次印刷　　定价：38.00元

多而不乱

著者：[日] 小林敬幸

译者：寇玉冰

书号：978-7-5570-2196-2

出版日期：2020 年 6 月

定价：38.80 元

通过媒体网络接触到大量新闻和信息，但没有时间全部读完，不知哪条重要或可信；不知该和初次见面的客户说什么，从哪里说起；容易被他人的观点带偏，缺乏自我判断的能力……其实，这些常见苦恼的产生，大多是因为没有正确地处理信息。

所谓工作，可以说就是处理信息、判断信息。身处信息爆炸时代，要想在工作中独立做出精准判断，确保信息多而不乱，拥有高效的信息处理能力是基础也是关键。

本书将带我们回归基本的信息处理方法，全面系统地介绍信息的收集、分析、发出、交换、实践等信息处理的五个重要环节。作者将广泛领域中的丰富案例及个人经验的精华纳入本书，教我们掌握如何在网络中收集有用信息，不被可疑信息欺骗，写出有吸引力的企划书，不在辩论中被对方"套路"，获得创造性成果及其他有效处理信息的全新技能。

阅读变现

著者：[日]山口周
译者：董纾含
书号：978-7-5570-2484-0
出版日期：2021 年 6 月
定价：38.00 元

看了很多书却仿佛没看？感觉掌握了知识不知道应该怎样产出？比起读过多少书，成年人阅读的关键在于"读后"怎样将书中的知识活用在工作中。

本书作者山口周毕业于哲学、美术史系，毕业后却进入外资咨询公司工作，不但在商业领域出版多本著作，还在培训机构当讲师授课。他走上一条完全和美术史不相关的道路，却能够跨领域获得成功，正是因为他有一套"高效阅读法则"。

成年人需要阅读的书只有两类——商务类和通识类，商务类掌握基础知识，通识类塑造个性。然而这两类书的阅读方法却截然不同，作者针对每类书的特点和需求，提出不同的阅读技巧和精华书目，以及如何整理关键性信息，提升根据情况组合信息的能力。书中更有作者详细整理的"商务书曼陀罗"，从基础到进阶一应俱全，越读越能读出干货。只要照着做就能快速大量吸收书中知识，并通过学到的知识提升核心竞争力，成为一名有价值的知识生产者。